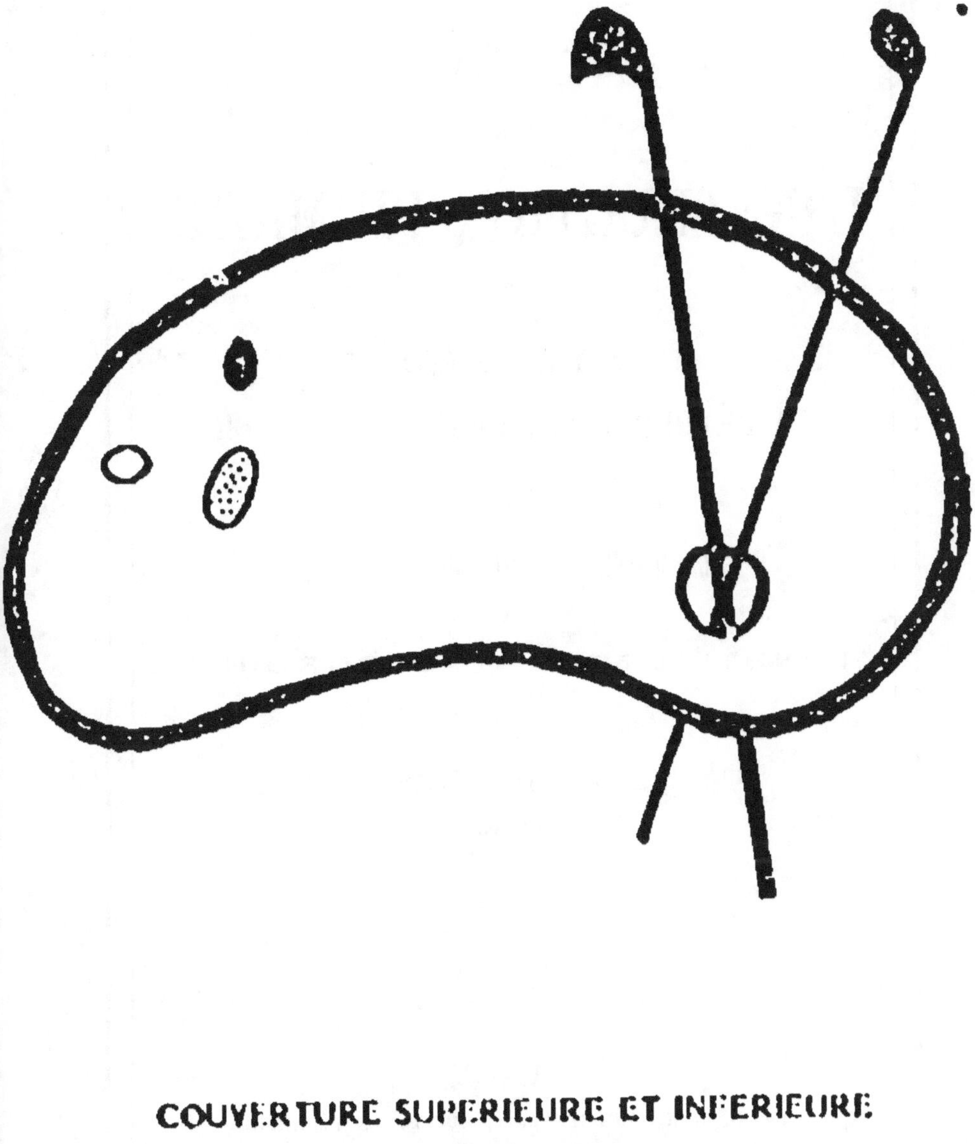

COUVERTURE SUPERIEURE ET INFERIEURE
EN COULEUR

UN MOT

sur

L'INSTRUCTION PRIMAIRE

L'ANCIEN RÉGIME
LA RÉVOLUTION, L'ÉPOQUE ACTUELLE

LE MAITRE D'ÉCOLE D'AUTREFOIS

ET

L'INSTITUTEUR D'AUJOURD'HUI

PAR

ALEXANDRE OTT

DÉLÉGUÉ CANTONAL

NANCY

IMPRIMERIE NANCÉIENNE, 1, RUE DE LA PÉPINIÈRE

1880

UN MOT

sur

L'INSTRUCTION PRIMAIRE

L'ANCIEN RÉGIME
LA RÉVOLUTION, L'ÉPOQUE ACTUELLE

LE MAITRE D'ÉCOLE D'AUTREFOIS

ET

L'INSTITUTEUR D'AUJOURD'HUI

PAR

ALEXANDRE OTT

DÉLÉGUÉ CANTONAL

NANCY

IMPRIMERIE NANCÉIENNE, 1, RUE DE LA PÉPINIÈRE

1880

PRÉFACE

Quand, dans les premiers jours de 1878, j'ai été nommé délégué cantonal, j'ai dû étudier la situation actuelle de l'instruction primaire, je l'ai trouvée dans un état de faiblesse auquel je ne m'attendais pas.

Les études historiques ont pour moi, et depuis long-temps, beaucoup d'attrait ; j'ai cherché en quoi consistait, sous l'ancien régime, l'instruction donnée aux enfants, afin de comparer autrefois et aujourd'hui.

J'ai eu la bonne fortune de tomber sur un vieux livre imprimé à Toul en MDCCXII, chez Alexis Laurent, imprimeur du Roy et de Monseigneur l'Evêque, sous ce titre :

Statuts sinodaux de feu Illustrissime et Révérendissime Seigneur, Messire Jacques de Fieux, vivant Evêque, comte de Toul.

Avec les ordonnances sinodales faites par Illustrissimes et Révérendissimes Seigneurs, Messires Henry de Thiard de Bissy, et François Blouët de Camilly, ses successeurs.

J'ai recueilli dans ce livre des renseignements très

curieux, et j'espère que ceux qui s'intéressent à l'instruction primaire, ils sont aujourd'hui nombreux, me sauront gré de les leur communiquer.

Mes lecteurs, si j'en ai, seront, je crois, de mon avis : c'est que, depuis deux cents ans, l'instruction des enfants n'a pas fait assez de progrès.

Il est temps que nous laissions là les grands discours et que nous nous mettions à l'œuvre.

Saint-Joire (Meuse), 25 janvier 1880.

Alexandre OTT.

TITRE I
L'ANCIEN RÉGIME

CHAPITRE I

L'INSTRUCTION PRIMAIRE AVANT 1789

I

Ce que le maître d'école devait enseigner

En première ligne : les prières, les éléments de la religion chrétienne, catholique, apostolique et romaine, le plain-chant ; puis la lecture, l'écriture et l'arithmétique.

Le maître d'école, qui était alors l'homme de l'Eglise et non celui de l'Etat, devait aussi former ses élèves aux cérémonies du culte pour en faire, ce que nous appelons aujourd'hui, des enfants de chœur.

« C'est des maîtres d'école que les enfants doivent rece-
» voir les premières teintures de la piété et de la religion.
» Ils ne sont pas seulement obligez de leur aprendre à
» lire et à écrire ; mais encore et *beaucoup plus*, leurs
» prières et les premiers éléments de la doctrine chrétienne.

» Nous ordonnons que lesdits maîtres d'école feront tous
» les jours, réciter aux petits enfants, l'un après l'autre,

» leurs prières, qu'ils leur aprendront en latin et en fran-
» çais, avec les commandements de Dieu et de l'Eglise; et
» à l'égard des plus grands lorsqu'ils seront arrivés, ils
» feront en commun la prière qui sera prononcée à haute
» voix et distinctement, le matin en latin et le soir en fran-
» çais, par l'un d'eux.

» Nous leur enjoignons aussi de faire réciter, deux fois
» la semaine, le cathéchisme, dont ils leur donneront à
» aprendre par cœur des leçons proportionnées à leur âge
» et à leur mémoire, à l'efet de quoi, ils auront soin que
» chaque enfant ait son catéchisme. Ils leur enseigneront
» aussi le chant ecclésiastique, la manière de servir la
» messe et les cérémonies qu'on a coutume de faire faire
» par les enfants dans les paroisses de campagne. »

(Extrait du Règlement pour les écoles, donné à Toul le 16 mars 1695,
par M. Henry de Thiard de Bissy, évêque, comte de Toul.)

Il n'est pas, dans ce règlement, question de l'arithmétique; mais l'un des successeurs de M. de Bissy, M. François Blouët de Camilly, en prescrit l'enseignement à
l'article XII de son mandement, publié au synode général
de Toul, le 7 avril 1717.

Au reste, il n'y aurait rien d'étonnant à ce que l'arithmétique n'ait été enseignée qu'à partir de 1717, époque à
laquelle il paraît que l'évêque de Toul s'est beaucoup
occupé de l'instruction des enfants.

Ce n'est bien que depuis la loi du 10 avril 1867, que les
éléments de l'histoire et de la géographie de la France
sont ajoutés aux matières obligatoires de l'enseignement
primaire.

On a attendu longtemps.

II

L'obligation et la gratuité.

Sous l'ancien régime, comme de nos jours, les parents négligeaient trop souvent d'envoyer leurs enfants à l'école.

« Les paroissiens n'ont point soin de l'instruction de leurs enfants. »

(Ordonnance du synode de Toul, de 1690.)

C'est pourquoi les évêques de Toul dont le diocèse était, je crois, le plus considérable de France (1), se préoccupèrent d'y pourvoir; ils rendirent l'instruction obligatoire pour tous, et gratuite pour les indigents.

« Nous ordonnons aux pères et mères, *sous peine d'être*
» *privez des sacremens même au temps de paque,* d'envoïer
» leurs enfans, garçons et filles, à l'école, depuis la Tous-
» saint jusqu'à Paques au moins, et pendant le reste de
» l'année le plus exactement qu'ils pourront, *et afin que*
» *personne ne s'excuse, nous voulons que les pauvres soient*
» *enseignez aux dépens de la fabrique, ou sur d'autres fons*
» *ou gratis.* »

(Ordonnance de visite donnée en 1695 ou 1696, par M. Henry
de Thiard de Bissy, évêque, comte de Toul.)

La privation des sacrements devait être chose sérieuse à la fin du XVIIᵉ siècle, sous le règne de Louis XIV ; et cette façon de rendre l'instruction obligatoire n'était probablement pas inefficace.

---

(1) L'Evêché de Toul, réuni à la France en 1552, se composait de onze cents paroisses; mais on lui en enleva quatre cent soixante-cinq en 1775 et 1777, pour former les Evêchés de Nancy et de Saint-Dié.

Il y avait plus ; les adultes, jusqu'à l'âge de vingt ans, étaient *obligés* de recevoir des leçons de catéchisme ; mais ce n'était plus le maître d'école, c'était le curé qui était chargé de les leur donner, et ce fait est assez remarquable pour que j'en fasse ressortir l'importance plus loin. Je lis, en effet, dans l'ordonnance de visite que je viens de citer :

« Nous enjoignons à tous les curez et vicaires de faire
» tous les dimanches, à l'heure la plus commode, outre
» l'instruction du prône, le catéchisme aux filles et aux
» garçons, enfans de famille ou domestiques, jusqu'à l'âge
» de vingt ans ; et à ceux qui ont des annexes, de le faire
» alternativement de quinze jours et autres dans la mère
» église et dans l'annexe, sous peine d'être citez à la dili-
» gence du sieur doïen rural qui en sera tenu en son propre
» et privé nom.

» Nous enjoignons pareillement aux pères et mères, aux
» maîtres et maîtresses, d'envoïer aux dites instructions
» leurs enfants et domestiques, sous peïne d'être privez
» des sacrements à paque ; et à l'égard des jeunes gens
» qui négligeront d'y assister, nous voulons qu'ils ne puis-
» sent être reçus aux sacremens, notammeht à celui de
» mariage, comme aussi n'être parain ou maraine, qu'après
» avoir été interrogez et trouvez capables sur les princi-
» paux mistères de la religion. »

Ainsi, obligation pour les curés, les parents et les enfants.

Cette ordonnance est sévère pour une époque où le mariage civil n'existait pas ; et cette contrainte, pour les
jeunes gens, d'aller jusqu'à l'âge de vingt ans au catéchisme, devait leur être dure ; mais ce catéchisme, il fallait
le savoir, autrement l'on ne pouvait pas se marier.

Tout ce qui vient d'être dit sur l'obligation et la gratuité ne concerne que l'évêché de Toul ; mais il est à présumer qu'il en était de même dans le reste de la France. Il y avait pourtant des provinces mieux partagées, c'est-à-dire qu'il s'en trouvait où la gratuité était complète ; dans ce cas, c'était presque toujours le clergé qui, sur ses revenus, payait le maître d'école.

Dans le ressort de quelques Parlements, et la France n'en comptait que treize (1) ; autrement, dans les paroisses qui ressortissaient à ces cours de justice, l'école était absolument gratuite, le traitement du maître d'école était à la charge du gros décimateur ; et comme en général, les dîmes étaient levées au profit des ecclésiastiques, il en résulte que, dans les paroisses en question, les frais de l'instruction des enfants étaient payés par le clergé.

Duperay dit, en effet, dans son *Livre des dîmes* (livre II, chapitre Ier, n° 2), que, dans quelques Parlements, les décimateurs sont condamnés à l'entretien d'un prédicateur, d'un *maître d'école* et du luminaire.

III

Les écoles de filles et les écoles de garçons. — L'enseignement était-il donné par des congréganistes ou par des laïques?

De tout temps, les évêques de Toul ont cherché à supprimer ce que nous appelons aujourd'hui les *écoles mixtes;*

---

(1) Cinq au nord : Douai, Rouen, Paris, Metz, Nancy; trois au milieu : Rennes, Dijon, Besançon; cinq au midi : Grenoble, Bordeaux, Pau, Toulouse, Aix.

c'est-à-dire, qu'ils ont voulu que les garçons et les filles fussent tenus dans des écoles séparées.

Ils ont été, en cela, plus exigeants que l'Administration actuelle qui n'impose qu'aux communes dont la population dépasse cinq cents habitants, une école spéciale pour chacun des deux sexes.

A la fin du XVIII° siècle, ils avaient atteint leur but.

« Les garçons et les filles ne pourront être admis dans
» les mêmes écoles ; ni les maîtres tenir chez soy des filles ;
» ni les maîtresses, des garçons à peine d'excommunication
» qui sera encourue par simple transgression de notre
» ordonnance et sans nouvelle sentence. »

(Statuts synodaux de 1678 et 1686).

Mais cette séparation des filles et des garçons dans des écoles distinctes ne pouvait pas être si vite réalisée malgré cette peine de l'excommunication ; car dans les mêmes statuts, il est dit :

« Et à l'égard des lieux où il n'y aura point de différentes
» écoles pour différent sexes, nous enjoignons aux maîtres
» et maîtresses d'école de les ranger et séparer si bien
» qu'il n'y ait point de communication qui puisse donner
» lieu à aucun dérèglement. »

Ces écoles mixtes (1) existaient encore d'ailleurs à la fin du XVII° siècle et même dans la première moitié du XVIII°.

L'article VI du règlement pour les Écoles du Diocèse de Toul, du 10 mars 1695, est en effet ainsi conçu.

« Et pour les lieux où il n'y aura point de maîtresse
» d'école, nous enjoignons aux maîtres ou régens de

---

(1) Je parle ici des écoles mixtes tenues par des hommes aussi bien que de celles tenues par des femmes.

» mettre, si faire se peut, les garçons et les filles dans des
» chambres séparées. Et, en cas qu'ils n'aient pas pour
»•cela assez de logement, ils seront au moins sur des bancs
» séparés; les dits maîtres prenant bien garde qu'il ne se
» passe rien entre eux contre l'honnêteté et la bienséance. »

Et dans les statuts synodaux du 27 avril 1729, il est dit :

« Nous recommandons particulièrement aux curés,
» surtout à ceux dont les paroisses sont nombreuses, de
» procurer autant qu'ils pourront de bonnes maîtresses
» d'école pour l'instruction des filles, et dans les lieux où il
» en sera établi, nous défendons aux maîtres d'école de se
» charger de l'instruction d'aucune fille sous quelque
» prétexte que ce soit. »

« L'école des filles au XVIII° siècle, dit M. l'abbé
» Mathieu (1), était une exception dans les campagnes ;
» *il y en avait cependant une dans chaque village du Tem-*
» *porel de l'Évêché de Toul ;* la plupart de celles qui
» existaient, étaient dues aux libéralités de l'Évêque, des
» seigneurs, des curés, qui les avaient *fondées* ; c'est-à-dire
» dotées d'une rente en nature ou en argent qui assurait
» la nourriture et l'entretien de la sœur (2). »

Il est donc probable que dans l'évêché de Toul, les écoles
de filles étaient tenues par des religieuses. Ces religieuses
appartenaient à deux ordres créés en Lorraine au XVIII°
siècle : l'ordre de la Doctrine chrétienne, et l'ordre de la

---

(1) *L'ancien régime dans la province de Lorraine et Barrois*, par M. l'abbé
Mathieu, docteur ès lettres, professeur d'histoire. Paris. Hachette et Cⁱᵉ, 1870.

(2) M. Drouas de Boussey qui fut, je crois, l'avant dernier Évêque de Toul,
consacra plus de soixante mille livres de ses revenus, cent cinquante mille
francs d'aujourd'hui, à l'établissement d'écoles de filles dans les paroisses de
son Évêché.

Providence, qui, l'un et l'autre, existent encore aujourd'hui.

Ces écoles devaient être gratuites.

M. l'abbé Mathieu ne parle que pour la Lorraine ; mais la sœur devait exister ailleurs que dans les paroisses de l'Évêché de Toul, ainsi qu'on le verra au titre II, quand il sera question du cahier du Thiers-État de la ville de Paris à la veille de la réunion des États généraux, en 1789.

Pour les garçons, il en était alors comme de nos jours ; ils avaient, en général, pour maîtres d'école, des congréganistes dans les villes et des laïques dans les villages.

Les congréganistes instruisaient gratuitement les enfants, et se consacraient en outre au soin des malades (1).

Mais les Évêques de Toul, à l'inverse des cléricaux de nos jours ; préféraient, pour maîtres d'école, les hommes mariés aux célibataires ; le célibat n'était pas à leurs yeux une recommandation, au contraire :

« On ne recevra pour maître d'école aucun garçon, à
» moins qu'il ne soit d'une sagesse bien connue, l'expérience
» trop certaine faisant voir que les maîtres d'école
» non mariés sont beaucoup moins sages et moins retenus
» que ceux qui sont mariés. »

(Article X du règlement publié le 10 avril 1709 par M. François Blouët de Camilly, Évêque, comte de Toul.)

Les écoles de garçons, gratuites ou non, comme il a été dit au paragraphe 2 de ce chapitre, étaient généralement tenues par des laïques ; mais ces laïques dépendaient complètement du clergé ainsi qu'il sera démontré plus loin ; par conséquent, sous l'Ancien Régime, que le maître d'école fût laïque ou congréganiste, cela ne devait pas avoir une bien

----

(1) Suivant M. l'abbé Mathieu, il était ainsi à Nancy, Lunéville et St-Dié.

grande importance ; dans l'un comme dans l'autre cas, l'Instruction primaire se trouvait toujours sous la direction du clergé.

IV

La surveillance des écoles

Elle appartenait d'abord à l'évêque ; mais il était trop haut placé et demeurait trop loin pour que, de sa part, elle fût effective.

Il ne l'exerçait d'ailleurs par lui-même ou par ses grands vicaires que lorsqu'il était en tournée pastorale ; or, l'évêque de Toul, qui avait à visiter onze cents paroisses, ne passait pas souvent dans chacune d'elles ; au reste, c'est plutôt des maîtres d'école que de l'école elle-même qu'il s'occupait.

« Nous enjoignons à tous les maîtres d'école qui en font
» actuellement les fonctions dans notre diocèse, de se pré-
» senter à nous ou à nos députez dans la première visite
» que nous ferons, pour être examinez sur les articles ci-
» dessus marquez (1). A recevoir de nous, s'il échet, notre
» approbation ; et, au cas qu'ils y manqueraient ou qu'ils
» seraient trouvez ne pas avoir la capacité ou la probité
» nécessaire, nous leur défendons, sous peine d'excommu-
» nication, d'en faire aucune fonction quinze jours après
» notre visite. »
(Article IV du Règlement pour les écoles du 10 mars 1695.)
Le curé de la paroisse était chargé de la surveillance ac-

---

(1) Ces articles ont pour objet de désigner ce que le maître d'école devait enseigner ; ils ont été donnés au § 1er. On examinait, de plus, sa conduite.

tive et réelle (1) ; elle était, pour lui, obligatoire ; chaque semaine, il devait visiter l'école, et il était mis à l'amende s'il y manquait.

Reste à savoir comment l'on constatait la négligence du curé.

« Enjoignons à tous lesdits curez d'aller au moins une
» fois par semaine, pendant l'hiver, c'est-à-dire depuis la
» Saint-Martin jusqu'au Carême, dans les écoles de leurs
» paroisses, afin de voir comment les maîtres d'école en-
» seignent les enfans, s'ils leur aprennent à prier Dieu, si
» tout s'y passe dans la modestie et la bienséance. Et
» chaque fois qu'ils y manqueront, nous voulons qu'ils
» soient condamnés à une aumône de trente sols, dont nos
» officiaux feront l'application (2). »

(Article VIII du mandement publié au synode général du mercredi
24 avril de l'année 1686. — M. Jacques de Fieux étant évêque,
comte de Toul.)

Trente sols de 1686 valaient bien cinq francs d'aujourd'hui.

Quoiqu'il en soit, la plus grande soumission et le plus grand respect vis-à-vis des curés étaient recommandés aux maîtres d'école.

---

(1) Nous verrons, au titre II, qu'à la veille de la Révolution le clergé demande dans ses cahiers que cette surveillance soit continuée au curé, et qu'il demande en outre que le curé de la paroisse puisse destituer, le cas échéant, le maître d'école. — Cette concordance des cahiers du clergé avec les statuts synodaux de l'évêché de Toul, peuvent faire supposer que ce qui se passait dans cet évêché, se passait aussi dans les autres.

(2) L'*official* était le chef de la cour ou justice de l'Église. Il résidait au siège de l'évêché. Quand un évêché était trop étendu, et c'était le cas pour celui de Toul, outre l'official, qui avait sa résidence dans la ville épiscopale, il existait des officiaux forains qui demeuraient ailleurs, de manière à se trouver plus à portée des parties ; c'est-à-dire que l'évêché était divisé en plusieurs cours de justice.

« Nous enjoignons très expressément aux dits maîtres
» d'école, de porter l'honneur aux curez et vicaires, de
» leur obéir en tout ce qui regarde l'instruction des enfans,
» l'administration des sacremens et la célébration du ser-
» vice divin ; de recevoir les dits curez et vicaires lorsque,
» suivant nos statuts sinodaux, ils iront visiter leurs écoles ;
» et de recevoir avec soumission les avis qu'ils jugeront à
» propos de leur donner, ce que nous exhortons les dits
» curez et vicaires de faire toujours avec beaucoup de cha-
» rité et d'honnêteté. »

(Règlement pour les écoles du 10 mars 1695.)

Les curés devaient être indulgents et polis ; mais ils
n'en avaient pas moins la haute main sur l'enseignement
et sur le maître d'école.

Quant à la visite des écoles de filles, elle était, pour des
raisons que les évêques de Toul ne disent point, soumise à
des précautions particulières.

« Nous faisons très expresses défenses, sous peine de
» suspense *ipso facto*, à tous curez et vicaires dans les pa-
» roisses de qui il y a des maîtresses d'école, de les em-
» ploier chez eux à aucun ouvrage, ni de les y faire ou
» laisser coucher, ni manger, à moins qu'elles ne soient
» leurs sœurs ou leurs nièces, ou qu'elles n'aient au moins
» quarante ans ; ni d'avoir aucunes conversations avec elles,
» autres que sur l'école et l'instruction des filles. *Nous leur*
» *défendons aussi d'aller dans ces écoles que pour les visiter,*
» *et lorsque les petites filles y sont assemblées ; et nous leur*
» *enjoignons de s'y comporter avec tant de gravité et de*
» *modestie, qu'ils ne donnent lieu à aucun soupçon.* »

(Article XXIII du règlement pour le synode de 1707, sous l'épis-
copat de M. François Blouët de Camilly, évêque, comte de Toul.)

CHAPITRE II

LE MAITRE D'ÉCOLE

I

Où il est prouvé que, sous l'ancien régime, le maître d'école appartenait à l'Eglise et non pas à l'Etat.

Je lis dans un livre imprimé à Bouillon en MDCCLXXXVI, sous ce titre :

Recueil d'autorités et réflexions sommaires sur les faux et vrais principes de la jurisprudence en matière de dîmes, et sur leurs conséquences, par feu Monsieur Gabriel, doyen et bâtonnier de l'ordre des avocats au Parlement de Metz.

« Il est mis en principe que l'institution ou la destitution » des chantres ou régens d'école des paroisses est de la » compétence du juge ecclésiastique.

« *C'est en exécution des lois canoniques qu'ils sont établis,* » *et leurs fonctions ont un rapport immédiat avec la reli-* » *gion.* »

UT QUISQUE PRESBITER QUI PLEBEM REGIT, dit le chapitre 3, § X, DE VITA ET HONESTATE CLERIC : CLERICUM HABEAT, QUI SECUM CANTET ET EPISTOLAM ET LECTIONEM LEGAT, ET QUI POSSIT SCHOLAS TENERE.

Si je n'ai pas oublié tout mon latin, cela veut dire, en français :

« Que chaque prêtre qui régit le peuple, c'est-à-dire

» chaque curé ou vicaire, dit le chapitre 3, § X, de la vie
» et de l'honnêteté des clercs, ait un clerc qui chante avec
» lui, connaisse l'écriture et la lecture et puisse tenir les
» écoles. »

Cette prescription n'est pas particulière au diocèse de
Toul ; elle a un caractère général ; on peut donc en conclure
que l'Eglise avait ordonné qu'il y eût dans chacune des
paroisses soumises pour la religion à l'autorité apostolique
et romaine, un chantre ou régent d'école qui enseignât
dans les conditions développées au chapitre 1er.

II

L'État et l'Église

Il ne faut donc pas s'étonner, d'après ce qui précède, si
les Rois de France, tout en recommandant aux évêques de
veiller à l'établissement des écoles, se sont déchargés sur
eux du soin de l'instruction des enfants et leur ont, sous ce
rapport, pour employer une locution très répandue, laissé
carte blanche.

« L'éducation chrétienne et l'instruction des enfants est
» si importante à l'Église que les plus grands Évêques y
» ont toujours donné leurs soins. *Les rois et les princes*
» *ont cru qu'il y alait du bien de leurs États. Nous avons*
» *vu, ces années dernières, sa Majesté écrire à tous les*
» *Évêques de son roïaume pour leur dire que son intention*
» *était qu'en faisant la visite de leurs diocèses, ils s'appli-*
» *cassent particulièrement à mettre partout de bons maîtres*

A. Orr.   2

» *d'école.* Les conciles ont aussi fait là dessus des règle-
» ments très salutaires.

» En effet, c'est des maîtres d'école que les enfants doi-
» vent recevoir les premières teintures de la piété et de la
» religion. Ils ne sont pas obligez seulement de leur
» aprendre à lire et à écrire ; mais encore, et beaucoup
» plus, leurs prières et les premiers éléments de la doc-
» trine chrétienne.

» Il est nécessaire pour s'en bien acquitter qu'ils sachent
» la religion, et qu'ils soient d'une conduite sage et
» exemplaire. D'ailleurs, ils doivent savoir les céré-
» monies et le chant ecclésiastique pour assister les curez
» et vicaires dans la célébration du service divin, et dans
» l'administration des sacremens. *C'est pour ces raisons*
» *que suivant les ordonnances de nos Rois, et les arrêts de*
» *leur conseil, les maîtres d'école sont soumis aux Évêques*
» *en tout ce qui concerne l'instruction et l'éducation des*
» *enfants, et la célébration du service divin.* »

(Règlements pour les écoles, du 10 mars 1695).

Il résulte de là que ce que nous appelons de nos jours
l'instruction primaire était sous l'Ancien Régime complètement et *officiellement* dans la main du clergé. Toute l'action
des Rois de France se bornait à recommander aux Évêques
d'établir des écoles dans les paroisses de leurs diocèses.

Pour juger les hommes, a dit Montesquieu, il faut tenir
compte des préjugés de leur temps.

Ce qui pouvait paraître naturel autrefois peut nous le
sembler moins aujourd'hui.

M. l'abbé Mathieu constate (1) que « dans les dernières

______

(1) Dans son livre déjà cité.

» années de l'Ancien Régime, la situation de ces modestes
» et utiles instituteurs du peuple (les maîtres d'école)
» excita beaucoup de sollicitude, et fut l'objet d'une en-
» quête générale ouverte par M. de la Porte (1) auprès des
» subdélégués et d'un certain nombre de curés (2). »

Cette enquête semble avoir eu pour objet l'état des personnes et non pas la question principale, celle de l'instruction ; d'ailleurs la sollicitude de l'administration royale se
montrait bien tard.

III

Nomination du maître d'école

Avant d'exposer les conditions dans lesquelles le maître
d'école était nommé, je les résume :

Il n'y avait, avant 1789, que peu ou point d'écoles
normales où il pût être formé ; il est probable que celui qui
voulait prendre cette profession, apprenait le métier près
d'un vieux maître.

Le candidat maître d'école passait soit devant l'Évêque,
soit devant ses délégués un examen ; s'il y avait satisfait,
il recevait de l'Évêché une commission ; mais cette commission ne lui était délivrée que pour un an et sans garantie
d'être placé, il devait lui-même y pourvoir.

Il se présentait à cet effet dans une paroisse qu'il savait

____

(1) M. de la Porte devait être Intendant à Nancy, sous le règne de
Louis XVI.

(2) Un Intendant était à peu près le Préfet de nos jours, et le subdélégué,
le Sous-Préfet.

avoir besoin d'un maître d'école, c'était aux habitants qu'il appartenait de l'accepter ou de le refuser ; mais son élection devait avoir lieu sous la surveillance du curé, elle n'était valable qu'autant que l'Évêque ou ses grands vicaires l'approuvaient.

Ses fonctions duraient, en général, d'une Toussaint à l'autre ; lorsqu'elles avaient pris fin, il pouvait obtenir sans examen nouveau une commission nouvelle ; mais celle-ci ne lui était remise que sur un certificat du curé attestant qu'il avait bien enseigné et qu'il s'était bien conduit. Avec le renouvellement de sa commission, il devait se présenter à nouveau aux suffrages des habitants de la paroisse, et je dirai plus loin les moyens qu'il était obligé d'employer pour être réélu.

Pour comprendre ce qui précède et ce qui va suivre ; il ne faut pas oublier qu'avant 1789 les communautés rurales ne possédaient pas, comme de nos jours, un conseil municipal ; elles avaient des administrateurs dont en première ligne, un maire et un syndic ; mais chaque dimanche à la sortie de la messe paroissiale ou des vêpres, tous les habitants (riches et pauvres) s'assemblaient devant la porte principale de l'Église à l'ombre de ces grands arbres que l'on voit encore dans bien des villages. Là ils délibéraient de leurs affaires et prenaient des résolutions.

Quand il n'y avait rien à mettre en délibération, la réunion n'en avait pas moins lieu, et l'on se séparait ; mais le greffier rédigeait un procès-verbal par lequel il était constaté qu'il n'y avait rien sur quoi il y eût à délibérer.

C'est devant ces assemblées populaires et plénières que le candidat maître d'école se présentait, montrait ses capacités et ses talents, et c'est par elles qu'il devait être élu ou réélu.

. « Nous défendons, sous peine d'excommunication, à
» toutes personnes laïques et ecclésiastiques de tenir école,
» ni enseigner les enfans sans une commission de nous ou
» de nos grands vicaires, laquelle ne sera donnée qu'après
» avoir examiné sur la lecture, l'écriture, la doctrine chré-
» tienne, le chant ecclésiastique et l'office divin, ceux qui
» voudront être maître d'école ; et qu'après avoir par eux
» donné des preuves et des témoignages autentiques de
» leur conduite. »

(Article 1er du règlement pour les écoles du diocèse de Toul,
du 10 mars 1695.)

L'on voit, par cet article, que les ecclésiastiques qui as-
piraient aux fonctions de maîtres d'école étaient soûmis au
même examen que les laïques.

« Toutes les dites commissions ne seront données que
» pour un an, et les maîtres d'école n'en pourront obtenir
» de nous la continuation qu'en rapòrtant un témoignage
» des curés faisant foi de leur bonne conduite et de leur
» exactitude à leurs devoirs pendant l'année. »

(Article 2 du même règlement.)

« Nous défendons très expressément aux curés et parois-
» siens de ce diocèse, de recevoir ni engager aucun chantre
» ou maître d'école sans notre aprobation ou de nos grands
» vicaires, ou au moins de passer aucun traité avec eux
» que la dite clause n'y soit insérée, ni d'en laisser faire à
» qui que ce soit les fonctions sans notre dite aprobation. »

(Article 3 du même règlement.)

Dans les baux que j'ai eus entre les mains, et par lesquels le maître d'école s'engageait vis-à-vis d'une commu-

nauté rurale, je n'ai vu cette clause rappelée qu'une seule fois : c'est dans un bail du 9 octobre 1774, entre un nommé Jean Jacques, maître d'école, et la paroisse de Saint-Amand. Ce Jean Jacques devait apporter son approbation dans la quinzaine, faute de quoi, le bail conclu avec lui était frappé de nullité.

J'appelle l'attention sur l'article 3 cité ci-dessus; il établit que le choix des habitants n'avait de valeur qu'autant qu'il était accepté par l'évêque ou ses grands vicaires; en 1717, le soin de cette acceptation fut transféré aux doyens ruraux.

Les candidats aux fonctions de maître d'école ne devaient pas toujours être fort nombreux ; l'obligation qui leur était imposée de se présenter à Toul, à l'évêché, paraît avoir été un obstacle au recrutement du personnel, car, en 1702, c'est-à-dire sept ans après le règlement de 1695, l'évêque doit abaisser les barrières. Il délègue les doyens ruraux (1) pour le suppléer en dehors d'une circonférence de quatre lieues de rayon autour de sa ville épiscopale.

« Il est défendu à tous curez et vicaires de recevoir ni
» souffrir aucun maître d'école non examiné et approuvé.
» Nous commettons les doïens ruraux pour aprouver et
» examiner ceux qui sont éloignez de Toul de plus de
» quatre lieues. »

(Synode de 1702.)

------

(1) Le doyen rural est aujourd'hui le curé du chef-lieu de canton.

IV

L'élection

Le candidat a passé son examen; il tient, comme on dit, sa commission en poche. C'est un dimanche de printemps ou d'automne, la messe paroissiale vient d'être chantée « en la manière accoutumée, » ainsi que nos pères avaient bien soin de le consigner sur leur registre; les habitants s'assemblent devant l'église; le curé sort et s'arrête, car il doit faire partie de l'assemblée et l'engager au calme et à l'impartialité.

« ... es curez se trouveront aux assemblées convoquées
» pour choisir les maîtres d'école. Ils y feront une courte
» exhortation pour empêcher les divisions et les brigues;
» et conjointement avec le chef de la communauté, ils re-
» cevront, par écrit, les suffrages des paroissiens et exa-
» mineront les maîtres d'école élus sur l'écriture, la doc-
» trine chrétienne, le chant ecclésiastique et l'arithmétique,
» et particulièrement sur les mœurs et la conduite. Car il
» ne faut que des gens sages et vertueux dans cet emploi. »
(Mandement de l'évêque de Toul du 7 avril 1717, article XII.)

Ainsi, à partir de 1717, la commission délivrée par l'évêque ou par ses délégués ne suffit plus; l'élu des habitants doit subir, devant le curé, un nouvel examen.

Mais le curé doit rendre compte au doyen rural; et celui-ci peut encore, avant l'installation définitive du maître d'école, l'examiner une troisième fois, s'il le juge à propos.

Il paraît, comme je l'ai déjà fait remarquer plus haut,

qu'à partir de 1717 il y eut, pour l'approbation nécessaire au maître d'école, une espèce de décentralisation ; dès cette époque, il fut examiné avec plus de soins.

« Ils rendront compte (les curés) de cet examen au doyen
» rural, par une lettre dont ils chargeront le maître d'école
» élu, qui sera encore examiné par le doyen, s'il le juge à
» propos, lequel lui donnera son approbation, s'il le trouve
» digne et capable. Nul maître d'école ne sera admis sans
» cette approbation, qui lui sera donnée gratuitement. »
        (Mandement de l'évêque de Toul du 7 avril 1717, article XIII.)

L'examen devant le doyen rural dépendait donc simplement de celui-ci.

Enfin, c'est fini ; le maître passe, avec la communauté représentée par le syndic (1), un bail par lequel il se loue pour un an. Dans ce bail, on spécifie les obligations qu'il aura à remplir, et l'on fixe le traitement qui lui sera attribué (2) ; puis le syndic le présente au maire, et le maître d'école entre en fonctions.

Mais nos pères n'étaient pas plus sages que nous ; comme il en est aujourd'hui pour l'instituteur, il en était, jadis, pour le maître d'école. Personne ne peut contenter tout le monde et son père ; le maître d'école avait souvent à souf-

---

(1) Le syndic était un fonctionnaire municipal qui avait la gestion des biens et des revenus communaux. Il était nommé pour un an par l'assemblée des habitants, mais il pouvait être réélu. Les fonctions de maire et celles de syndic étaient distinctes ; le maire était un magistrat chef de la communauté, qui avait la basse justice, c'est-à-dire le soin de la police : il remplissait à peu près, dans son village, les fonctions qu'exerce aujourd'hui un juge de paix dans son canton. Les fonctions de maire et celles de syndic n'étaient pas, toutefois, incompatibles ; le maire pouvait être nommé syndic, tout en restant maire, et cumuler les deux offices.

(2) Je donne, au paragraphe suivant, copie du texte authentique de l'un de ces baux.

frir de ce que nous appelons les passions locales. Son bail ne lui donnait la sécurité que pour un an ; et à l'approche du jour de l'élection, il se trouvait, la plupart du temps, dans une situation critique.

Serait-il réélu ? Et s'il ne l'était point, il lui faudrait chercher fortune ailleurs.

C'est à ce sujet que les évêques de Toul ont écrit :

« Il est de leur devoir (des curés) de prévenir et d'empê-
» cher les troubles et les divisions, si fréquentes dans les
» paroisses au sujet du choix et de l'établissement des
» maîtres d'école. Il est à propos de représenter aux pa-
» roissiens que les maîtres d'école doivent être choisis dans
» une assemblée duement convoquée ; que rien n'est plus
» nécessaire, dans une paroisse, qu'un maître d'école sage,
» vertueux, exemplaire et bien capable ; que de là dépend
» l'éducation de la jeunesse et souvent le bonheur de toute
» la vie. *Les curez prendront bien garde que ces maîtres*
» *d'école ne soient choisis par brigues, par burettes et*
» *autres mauvaises pratiques qu'ils employent.* Quand il
» s'en trouvera qui auront employé ces moyens, le curé en
» donnera avis au doyen rural, afin de le prévenir et d'em-
» pêcher qu'ils ne soient aprouvez. Nous les déclarons in-
» dignes et incapables de cet emploi. »

(Mandement du 7 avril 1717, article XI.)

Vouloir que des élections soient immaculées, c'est chercher la pierre philosophale ; sous l'ancien régime, comme aujourd'hui, il fallait qu'une élection fût *menée*.

Il y a quelques années, un candidat à la députation offrait à ses électeurs un veau qui est resté célèbre ; un autre leur faisait distribuer des parapluies ; pourtant, si je ne me trompe, l'un a siégé à droite et l'autre à gauche.

Le maître d'école n'était pas assez riche pour payer à ses électeurs du veau ou des riffards, il leur payait à boire et c'était déjà trop.

« Le maître d'école, dit le curé d'Ugny (1), est obligé de
» se représenter à la communauté tous les ans, deux mois
» avant la Saint-Jean-Baptiste ; et, tous les ans, on fait un
» nouveau traité. Pour l'obtenir, ce sont des cabales, des
» flatteries à ceux qui ont le plus d'autorité, et souvent des
» buvettes, pour apaiser les mauvais et les mécontents. »

« Le maître d'école, dit un autre curé, paie vin ou eau-
» de-vie, se réconcilie par là, avec la communauté, et re-
» commence tous les ans à nouveaux frais (2). »

La cour aux électeurs influents, une bouteille ou un petit verre au fretin, mais c'est absolument comme aujourd'hui. Le vieux dicton populaire n'a pas tort : « Il n'y a rien de nouveau sous le soleil. »

Plaignons, en passant, ces malheureux obligés de faire tous les ans les frais d'une élection nouvelle.

V

Le bail

Je donne ci-dessous le texte authentique d'un bail dont j'ai pris copie dans les archives municipales de Saint-Amand. J'ai respecté l'orthographe.

----

(1) Ugny est un village qui fait aujourd'hui partie du canton de Vaucouleurs.

(2) Mémoires manuscrits-papiers de l'intendance de Nancy, cités par M. l'abbé Mathieu.

« Cejourdhuy 13 novembre 1762, par devant nous Jean
» Didelot, lieutenant en la mairrie de Saint-Amand et
» François Thomas, substitut en la ditte mairrie, estant
» tous les habitans du dit lieu assemblé à la place publiq,
» et comparu en personne Jean Thomas, sindic de la ditte
» communauté, lequel nous a dit avoir fait marchez avec
» Jean-Baptiste Gérardin, cy-devant recteur d'école à Che-
» nevière, de lunanime consentement de maître Jean
» Granry, prêtre et curé de Saint-Amand et des habitans,
» pour servire de maître d'école pendant le temps et es-
» pace d'une année, qui a commencé le jour de la Toussaint
» dernier, et a finir a viel de pareil jour au bout de la ditte
» année espirée, et se moyennant le prie et somme de seize
» écus valant trois livres l'un, a deux terme et payement
» égaux, schavoir : la moitié au jour et fête de Pasque, et
» l'autre moitié au jour et fête de la Toussaint suivant, que
» les habitant sboblige de luy payer à cotte égale, ce qui
» seras levé par le colecteur suivant le nombre des habitant
» qui se trouveront; et seras ledit Gérardin obligé de
» d'écorer l'église, blanchir le linge, sonner le moy de mai
» soir et matin, et toutes les nuée (1), et toute les messes
» et vépres, et chanter tous les dimanche et fête comme
» aussy chanter les douze messe du très saint sacrement,
» fondée par les habitant, gratisse, comme aussi tenir l'é-
» cole tout le temps qu'il y aura des écolier, les enseigner
» à la foy catolique, apostolique et romaine, les aprendre à
» lire et à écrire, le plain chant et l'arithmétique autant
» que faire se pouras, et auras ledit Gérardin, de chaque

____

(1) On sait qu'autrefois on avait la mauvaise habitude de sonner les cloches
quand il faisait de l'orage.

» écrivin, quatre sols par mois, et trois sols de ceux qui
» necriront pas ; et auras de chaque laboureur une gerbe
» de bled et une dorge, et de chaque manœuvre un bouchot
» de mâle et un de femel non tilliet incontinent la récolte
» faite, et seras ledit Gérardin, obligé de se trouver à heur
» propre à l'église pour sonner la messe quand ledit sieur
» curé le jugeras à propos, comme aussy à fournir le
» pain (1) ; de chanter pendant toute l'année moyennant le
» prix et somme de cinquante-cinq sols, que le sindic seras
» obligé de luy payer au bout de laditte année, sest ce qui
» a été accepté entre les habitant et ledit Gérardin.

» Fait sous notre sein, celuy dudit substitut et greffier et
» ledit sindic et ledit Gérardin, qui a signé avec nous, et
» le tout conformèment au bail des enciens maître d'école
» précédent, comme aussi de porter lau bénitte tous les di-
» manche chez tous les a bitant pendant l'année et four-
» niras le pain (2), et le cierge à son tour. »

Je donnerais ici copie d'autres baux d'avant 1789, que
cela n'éclaircirait pas la question davantage ; voici seulement quelques extraits :

Ainsi, dans un bail du 22 octobre 1775 (et, en général,
les baux étaient faits en octobre dans la paroisse de Saint-
Amand), il est dit que le maître d'école sera obligé d'aller
voir le curé, pour savoir de lui à quelle heure il jugera à
propos de dire la messe que lui, maître d'école, devra
servir. Aux émoluments du maître d'école, il est ajouté
qu'il sera exempt de la corvée, comme ses prédécesseurs ;

------

(1) Les hosties.
(2) Le pain bénit.

mais le consentement du curé, pour que l'élection du maître
d'école soit valable, est mentionné dans tous les actes.

VI

Le maître d'école dans la paroisse, à l'église et dans l'école

Il était recommandé au maître d'école d'avoir une conduite exemplaire, et c'est au curé qu'incombait le soin d'y
veiller.

« Ils (les maîtres d'école) auront grand soin de s'abstenir
» de tout ce qui peut scandaliser les enfants et leur don-
» ner mauvais exemple, comme jurer, mal parler du pro-
» chain, se quereller et donner des injures, dire de mau-
» vaises paroles et s'enivrer. Nous enjoignons aux curez et
» vicaires d'y veiller et prendre garde avec d'autant plus
» de zèle et d'exactitude qu'il n'est rien de plus facile que
» de corompre les enfans qui ont du penchant à imiter le
» mal qu'ils voïent faire, et que souvent, lorsqu'ils y ont
» pris quelque goût, il est impossible de leur en ôter l'in-
» clination. »

(Règlement du 10 mars 1695, article X.)

« Nous leur défendons très expressément de fréquenter
» les cabarets, ni d'être d'aucune des débauches auxquelles
» sont sujets les gens de la campagne, étant juste que ceux
» qui doivent donner bon exemple à la jeunesse et qui ont
» l'honneur, quoique laïques, de faire plusieurs fonctions
» ecclésiastiques, soient plus sages et plus retenus que les
» autres. »

(Même règlement, article XIII.)

« Nous défendons ausdits maîtres d'école de faire aucune
» fonction dans l'église qu'ils ne soient en surplis, sur une
» robe ou demi-soutanne qui leur sera fournie par la fa-
» brique ou par les paroissiens des lieux. Ils porteront
» aussi les cheveux courts et un collet, afin de faire le ser-
» vice divin avec plus de décence. »

(Même règlement, article XII.)

Le maître d'école devait, de plus, comme on l'a vu au
paragraphe V, balayer et décorer l'église. Contrairement à
une opinion généralement répandue, il était défendu aux
maîtres d'école de frapper les enfants.

Les rédacteurs des journaux cléricaux, qui ne se sont
pas émus des scandales de ces derniers temps et qui sou-
tiennent qu'une fessée bien appliquée a son charme pour
celui qui la donne et son utilité pour celui qui la reçoit, ne
sont pas du tout d'accord avec les évêques de Toul.

« Nous leur défendons (aux maîtres d'école) de leur don-
» ner ni coups, ni soufflets, voulant qu'ils les enseignent
» avec douceur et charité ; et lorsqu'ils seront obligez de
» les châtier, que ce soit avec la modération nécessaire et
» sans jurement, ni emportement ; surtout qu'ils ne par-
» donnent point les mensonges et autres déréglemens dans
» lesquels les enfans ont coutume de tomber, et pour les-
» quels il est toujours à propos de les punir, mais sagement
» et avec beaucoup de discrétion. »

(Même règlement, article XI.)

Malheureusement pour le maître d'école, il devait rencontrer plusieurs pierres d'achoppement. Il n'était pas toujours très fort sur ce qu'il avait à enseigner, et les misères
humaines tombaient sur lui comme sur le commun des
mortels.

« Nous recevons tous les jours des plaintes de l'igno-
rance et de la mauvaise conduite des maîtres d'école, » dit
M. de Thiard de Bissy, dans le préambule du règlement du
10 mars 1695.

« Quelques-uns vont jouer du violon aux fêtes de villages,
» aux noces et autres occasions de débauche…, fréquentent
» les cabarets, jouent aux cartes avec les jeunes garçons,
» ne sont pas retenus dans leurs paroles. »

(Ordonnances publiées au synode de 1690.)

D'un autre côté, le maître d'école était, comme on l'a vu,
dans la dépendance complète de son curé ; et, souvent, il
arrivait que le curé se déchargeait sur lui de quelques-unes
de ses fonctions.

« Les maîtres d'école enterrent les enfans et font d'autres
» fonctions ecclésiastiques qui ne leur conviennent pas. »

(Ordonnances du synode de 1690.)

A qui l'évêque adressait-il ces reproches ? Est-ce au curé
ou à son chantre ?

Et quand le curé se rendait au synode rural, qui se tenait
chez le doyen, comme cela se fait encore de nos jours, et
qu'il devait en rapporter les saintes huiles, il se faisait,
paraît-il, accompagner par son maître d'école. Dans ces
temps, les chemins praticables étaient rares ; il fallait aller
à pied, et la route faite à deux paraissait moins longue.
Mais le soleil était aussi chaud qu'aujourd'hui, et plusieurs
heures de marche, dans des sentiers rocailleux, pouvaient
coller la langue au palais et donner soif ; puis, on devait
rentrer au logis. Le curé confiait les saintes huiles au maître
d'école, et celui-ci les oubliait trop souvent au cabaret.

« Nous défendons très expressément à tous les curez et
» vicaires, dans les sinodes ruraux, d'abandonner les saintes

» huiles aux maîtres d'école, *qui les laissent dans les ca-*
» *barets;* nous leur enjoignons de s'en charger eux-mêmes,
» et de se souvenir du respect dû à ces choses saintes. »

(Mandement de l'évêque de Toul du 7 avril 1717, article XV.)

Puis, le maître d'école n'avait pas toujours, à l'église,
une tenue convenable, et il y chantait trop souvent ce qui
lui passait par la tête.

« Ils ne sont pas vêtus assès modestement, surtout dans
» l'office divin, où ils devraient toujours être en surplis
» avec des soutanes sans manches, les cheveux courts et
» un collet.

» Ils se donnent la liberté de faire chanter tout ce qu'ils
» s'avisent dans les églises. »

(Ordonnances publiées au synode de 1690.)

Mais, où le maître d'école péchait surtout, c'est ici :
obligé de faire, presque chaque année, les frais de son
élection, et n'ayant, d'ailleurs, qu'un très médiocre revenu
pour pourvoir à sa nourriture et à son entretien, il lui fallait ajouter l'exercice d'une profession étrangère à celui de
sa profession officielle.

Cela lui était pourtant bien défendu, mais nécessité fait
loi, il passait outre. Les autorités locales, civiles ou ecclésiastiques, me paraissent, d'ailleurs, avoir toujours là-des-
sus, fermé les yeux ; demeurant sur les lieux et jugeant la
situation de près, elles devaient être plus indulgentes que
l'évêque.

« Ils (les maîtres d'école) ont d'autres professions qui les
» empêchent d'avoir tout le soin qu'il faut de leurs écoles. »

(Ordonnance du synode de 1690.)

Et l'article V du règlement pour les écoles, du 10 mars
1695, est ainsi conçu :

« Nous défendons très expressément ausdits maîtres d'é-
» cole d'exercer aucun office de procureur, praticien, ser-
» gent, cabaretier, joueur de violon ou autres, incompati-
» bles avec leurs fonctions et l'assiduité qu'ils doivent à
» leur école et à l'église ; et en cas qu'au préjudice de nos
» défenses, ils exerceraient quelques-uns des dits offices,
» nous les interdisons dès à présent comme pour lors, de
» celui de maître d'école, avec défenses tant à eux d'en
» faire aucune fonction, qu'aux curez et paroissiens de leur
» en laisser faire aucune. »

« Presque tous, dit M. l'abbé Mathieu dans son livre que
» j'ai déjà cité, avaient un autre état qu'ils exerçaient con-
» curremment avec l'enseignement ; ils étaient maçons,
» cordonniers, tailleurs d'habits, et il n'était pas rare que
» l'échoppe se confondît avec la salle d'école. »

Aujourd'hui, l'instituteur n'est plus tailleur d'habits, cor-
donnier ou maçon ; mais, dans la plupart des villages, il
est chantre à l'église, secrétaire de la mairie, et il fait,
pour les particuliers, des opérations d'arpentage.

Au reste, sous l'ancien régime, le curé à portion congrue (1), — et il y en avait dix mille en France, — cher-

---

(1) Une cure à portion congrue était celle dont la grosse dîme appartenait
à un bénéficier quelconque : évêque, monastère, etc... Ce bénéficier, qu'il
fût un individu ou un être collectif, comme, par exemple, une communauté
religieuse, était, en général, désigné sous le nom de *curé primitif*.

Le curé primitif jouissait donc des gros fruits d'une paroisse ; il avait, en
plus, les droits honorifiques et le pouvoir d'y célébrer la messe aux quatre
bonnes fêtes de l'année. Il ne gérait pas cette cure par lui-même ; il la faisait
desservir par un curé que l'on désignait officiellement sous le nom de *vicaire
perpétuel,* parce qu'il était inamovible. Le curé primitif était obligé de lui
payer une *portion congrue,* c'est-à-dire un traitement fixe pour subsister.

Sous Louis XIV, la portion congrue était de 300 livres, soit de 1,000 à
1,200 francs, valeur actuelle ; mais le vicaire perpétuel avait pour lui les

chait, lui aussi, à se créer un supplément de revenu, en se livrant à un travail étranger à ses fonctions ecclésiastiques. Pourquoi n'aurait-il pas été indulgent pour son maître d'école.

Je lis, en effet, dans le *Nouveau traité des élections*, de Pierre Vieuille, conseiller du roy, lieutenant général au siège de l'élection de Xaintes, imprimé à Paris en MDCCXXXIX :

« Il est aussi permis aux vicaires desservans les cures
» pour des curez non résidans, de prendre à ferme desdits
» curez non résidans les dixmes desdites paroisse appar-
» tenantes auxdits curez, sans être pour raison de ce,
» sujets aux tailles, ce qui est d'autant plus juste, qu'il y
» en a beaucoup dans la misère, et dont la subsistance est
» moindre que celle de certains domestiques, pendant que
» les curez primitifs et autres bénéficiers ont de grands
» revenus. »

Il y avait donc, sous l'ancien régime, des curés qui n'étaient pas plus heureux que les maîtres d'école ; et non

---

dîmes novales, c'est-à-dire les dîmes des friches mises en culture. Par arrêt de mai 1768, Louis XV fixa la portion congrue à 500 livres, mais il enleva au vicaire perpétuel le produit des dîmes novales. 500 livres en 1768 pouvaient bien représenter 1,300 à 1,400 francs d'aujourd'hui. Enfin, à la veille de la Révolution, sous Louis XVI, un arrêt de 1785 éleva la portion congrue à 700 livres, soit environ 1,500 francs, valeur de nos jours.

On appelait *élections* des tribunaux administratifs qui jugeaient principalement des différends sur les tailles et les impôts, en première instance, à l'exception des gabelles et du domaine du roy. La partie de la France où il y avait des élections portait le nom de *pays d'élections*.

Ces tribunaux n'existaient pas dans l'autre partie, que l'on appelait *pays d'États*. Les Flandres, l'Artois, la Bretagne, la Bourgogne, le Languedoc, etc , étaient pays d'États ; ces pays s'administraient eux-mêmes par des assemblées qui votaient leurs contributions, les réglaient et les faisaient payer.

seulement on leur permettait de se faire fermiers des dîmes de leurs paroisses, mais, de plus, on les exemptait de la taille.

VII

Quel était le traitement du maître d'école, et qui le payait

Les évêques de Toul pensaient, comme beaucoup pensent aujourd'hui, qu'il était utile d'améliorer la situation matérielle du maître d'école; et que mieux il serait rétribué, meilleur il serait.

« Nous exhortons les paroissiens à faire la condition des
» maîtres d'école la meilleure qu'ils pourront, étant le
» moïen le plus propre pour en avoir de bons. »

(Règlement du 10 mars 1695, article XV.)

Malheureusement, cela n'était pas toujours possible.

« Dans une partie de la Lorraine allemande, dit M. l'abbé
» Mathieu, le traitement fixe n'allait qu'à neuf sous de
» France (1) par an et par enfant; mais alors le maître
» d'école allait manger à tour de rôle chez les parents de
» chacun d'eux. En somme, c'était un maigre métier, qui
» ne rapportait pas plus de deux cent cinquante à trois
» cents livres de Lorraine par an. »

La livre de Lorraine valait à peu près les quatre cinquièmes de la livre de France; 300 livres de Lorraine équiva-

____

(1) Neuf sous de France représentent un franc cinquante centimes, valeur actuelle. « D'ailleurs, ajoute M. Mathieu, le maître d'école n'était pas tou- « jours payé; et pour récupérer quinze ou vingt sols, il faisait parfois sept « ou huit livres de frais. » Cela me fait remarquer que, dans ce temps, la misère était aussi grande chez le maître d'école que chez le père de famille.

laient environ à 230 livres tournois ; et pour passer de la valeur d'autrefois à celle d'aujourd'hui, il n'y a rien d'exagéré à multiplier par 2,50 ; d'où il résulte que 230 livres tournois du XVIII° siècle donnaient un traitement de 575 francs, valeur actuelle.

Il n'y a pas bien longtemps, trente ou quarante ans au plus, les instituteurs n'en avaient pas davantage ; il est vrai qu'ils étaient logés.

Au reste, et toujours d'après M. l'abbé Mathieu, il y avait autrefois quelques places de maîtres d'école qui étaient assez bien rétribuées ; celles qui avaient été *fondées*, comme on disait alors ; les candidats, naturellement, se les disputaient, mais il n'appartenait qu'au fondateur ou à ses héritiers d'y nommer.

Comme je l'ai dit au paragraphe II du chapitre Ier, dans certaines provinces, l'entretien du maître d'école me semble avoir été à la charge du décimateur de la paroisse. L'on sait qu'il y avait deux grandes classes de dîmes : les unes levées au profit des ecclésiastiques, on les appelait dîmes ecclésiastiques ; les autres, levées au profit des laïques, on les désignait sous le nom de dîmes inféodées.

Quand l'entretien du maître d'école était à la charge du décimateur, si la dîme était ecclésiastique, il est évident que c'était le clergé qui le payait sur ses revenus ; si la dîme était inféodée, le maître d'école était payé par un laïque.

Mais comme il y avait beaucoup plus de dîmes ecclésiastiques que de dîmes inféodées dans les provinces en question, le clergé entrait, pour la plus grande part, dans l'entretien du maître d'école.

Dans les paroisses où ,l'école n'était pas *fondée,* et dans les provinces où le décimateur ne payait pas le maître d'école, voici, d'après M. l'abbé Mathieu, de quoi se composait son traitement :

« 1° De ce que lui rapportait l'église, c'est-à-dire du » casuel ; et, dans beaucoup de villages, d'une portion de » dîmes, tantôt celle du troisième laboureur (1), tantôt » celle d'un canton, tantôt un préciput sur la totalité. »

Cette portion de dîmes, attribuée au maître d'école, paraît l'avoir été pour l'indemniser de son service à l'église.

« 2° D'un traitement fixe payé par la commune, soit en » argent, soit en nature. »

« 3° Des écolages fournis par les parents, soit vingt ou » vingt-cinq sols par an et par tête ; soit un bichet (2) ou » deux de blé, ou d'autre grain. »

Je dois pourtant dire que, dans la commune où j'ai été à même de lire les baux d'engagements du maître d'école, je n'ai pas trouvé que son service à l'église fût payé par une portion quelconque de dîme ; au contraire, c'est la communauté rurale qui le prenait à sa charge.

Au reste, le bail dont j'ai donné le texte exact au paragraphe V de ce chapitre, montre :

---

(1) Le troisième laboureur était généralement celui qui occupait parmi les autres le troisième rang pour l'importance de sa récolte ; on désignait sa dîme sous le nom de dîme de la *troisième charrue.*

Je lis dans le tome second du Pouillé du diocèse de Toul, imprimé à Toul en 1711, qu'à Corcieux, ainsi qu'à Gerbépal, deux villages qui font aujourd'hui partie du département des Vosges, le marguillier avait la dîme de la deuxième charrue. Dans les villages, le marguillier était simplement ce que nous appelons aujourd'hui un bedeau.

(2) Le bichet de blé, mesure de Nancy, pesait 45 livres ; ce qui représente en argent, valeur actuelle, 7 à 8 francs par bichet.

Qu'à Saint-Amand, le maître d'école touchait :

1° Seize écus de trois livres (des livres tournois, c'est-à-dire des livres de France), ou 48 livres en deux paiements égaux, 24 livres à Pâques et 24 livres à la Toussaint ; ces sommes étaient payées par les habitants, à cote égale, et levées par le collecteur (le percepteur de l'époque).

A cote égale veut dire, je pense, que les 48 livres étaient réparties également sur les chefs de maison, pères de famille ou célibataires, veuves ou filles, qu'ils aient ou non des enfants.

Chaque laboureur, dans les mêmes conditions, donnait en plus une gerbe de blé et une d'orge ; chaque manœuvre (le manœuvre ne cultivait, en général, que son jardin et sa chenevière, qui formaient toute sa propriété, et allait travailler à la journée chez les autres), devait donner deux bouchots (deux poignées probablement) de chanvre non teillé, dont l'un de chanvre mâle, et l'autre de chanvre femelle.

Ces deux subventions payées, la première en argent et la seconde en nature, devaient être, je crois, complètement indépendantes de la qualité de père de famille ; elles portaient sur tous les habitants, qu'ils eussent ou non des enfants à l'école. Elles constituaient une imposition locale assise sur la communauté, et avaient une certaine analogie avec les centimes additionnels qui sont actuellement imposés aux communes pour assurer le service de l'instruction primaire. De plus, le maître d'école était exempt de la corvée, et cela s'explique ; la corvée n'était pas convertissable en argent comme l'est maintenant la taxe des prestations, elle était toujours exigible en nature, et le maître d'école qui devait constamment être disponible pour le service de l'église ou celui de l'école, ne pouvait faire aucune absence.

Mais ceux des habitants qui avaient des enfants à l'école, payaient une redevance spéciale : 4 sols par mois pour chaque enfant qui apprenait à écrire ; 3 sols seulement pour chacun de ceux qui n'apprenaient qu'à lire.

Dans ce bail, il est une clause qui doit être bien remarquée ; c'est que le syndic de la commuuauté devait payer au maître d'école une indemnité annuelle de cinquante-cinq sols pour son chant à l'église ; ces cinquante-cinq sols représentaient sept à huit francs d'aujourd'hui, ils étaient à la charge des habitants et non à celle du clergé ou de la fabrique.

Ce bail ne rentre pas dans les conditions générales données par M. l'abbé Mathieu.

Combien, dans le diocèse de Toul, le casuel rapportait-il au maître d'école ? Cela est impossible à établir, car il variait évidemment d'une paroisse à l'autre ; je donne néanmoins, ci-après, le tarif du casuel dans l'évêché de Toul, mais seulement à titre de curiosité :

DROITS DES MAÎTRES D'ÉCOLE

« Pour les batêmes, ce que les parains et maraines leur » voudront donner.

» Pour le saint-viatique, rien.

» Pour l'extrême-onction, rien.

» Pour les flançailles et le mariage, un franc.

» Pour chaque femme qui relève après ses couches, deux » petits sols.

» Pour chanter une messe, six gros.

» Pour les matines extraordinaires, neuf gros.

» Pour les vêpres extraordinaires de la veille et du jour,
» six gros pour chaque vêpres.

» Pour les enterremens des adultes, un franc.

» Pour les enterremens des petits enfants, six gros.

» Pour chanter un service solennel des morts, avec
» vigiles à neuf leçons, les obsèques et libera à la fin
» desdites messes, vingt sols.

» Pour un service d'un nocturne avec les laudes, une
» haute messe, les obsèques et libera, dix-huit gros » (1).

Mais ce règlement n'était pas toujours appliqué, car il
est écrit au bas :

Nota. « S'il y a quelque acord entre les paroissiens et
» les maîtres d'école sur toutes ou quelqu'une de ces choses,
» il sera observé, sinon on s'en tiendra au présent règle-
» ment. »

Je termine cet exposé déjà long de la situation du maître
d'école, en observant que l'évêché de Toul était un pays
vignoble qui produit encore aujourd'hui d'excellents vins
ordinaires ; or le maître d'école était sonneur, et il était
d'usage qu'il fît, pour les sonneries exceptionnelles, une
quête de vin chez les vignerons.

---

(1) Ce tarif semble être établi en monnaie du Barrois.

Le franc barrois valait 8 sous 6 deniers 6/7 de Lorraine.

Il était divisé en 12 gros, le gros en 4 blancs et le blanc en 4 deniers barrois.

Une livre de Lorraine valait 15 sous et 6 deniers de France ; elle était comme la livre tournois, divisée en 20 sols, et le sol en 12 deniers.

Pour se faire une idée de ce que l'église rapporte au maître d'école, à Saint-Joire, commune de 615 habitants, l'instituteur ne se fait pas 200 francs par an avec le chant, la sonnerie et le casuel.

Les évêques de Toul le leur avaient cependant défendu, car je lis dans les règlements des synodes de 1678 et 1686 :

« Le sonneur aura pour chaque trait qu'il sonnera, trois
» gros ; et il ne pourra demander du vin pour sonner
» davantage. »

Il y a pourtant un proverbe qui dit : *il boit comme un sonneur ;* pour ce pauvre homme, les évêques de Toul étaient cruels.

De nos jours, l'administration a pour nos instituteurs plus de sollicitude. L'instituteur d'aujourd'hui peut remplir sa cave par une quête de vin ; il est d'usage que, pour la sonnerie du mois de mai, qu'il commence à trois heures du matin, il se présente, après la vendange, chez chaque vigneron de la commune au moment où l'on pressure le raisin. Tel lui donne dix litres ; un autre, plus ou moins ; et cette façon d'agir est tellement régulière, que l'on peut lire sur les imprimés destinés au rapport annuel sur la situation de l'enseignement primaire, prescrit par l'arrêté ministériel du 17 avril 1866, paragraphe II, où se trouve établi le traitement de l'instituteur, comme instituteur d'abord, et ensuite pour ses fonctions accessoires.

QUÊTE DE VIN : *Valeur approximative.*

Il est dommage pour les instituteurs qu'ils n'exercent pas tous dans le vignoble.

TITRE II
LA TRANSITION

CHAPITRE I

CE QUE LA RÉVOLUTION FIT DE L'INSTRUCTION PRIMAIRE ET DU MAITRE D'ÉCOLE

I

Les cahiers des trois Ordres

Le 24 janvier 1789, le roi convoque à Versailles, pour le 27 avril suivant, les États généraux.

« Les États généraux s'assemblèrent, dit Augustin » Thierry (1); ils furent comme un pont jeté pour le pas- » sage du vieil ordre de choses à un ordre nouveau ; le » passage se fit et aussitôt le pont s'écroula. »

La séance solennelle d'ouverture a lieu le 5 mai 1789, et, dans les trois discours qui sont prononcés à cette occa- sion par le roi, le garde des sceaux et Necker, ce trop sen- sible ministre des finances, je ne trouve rien qui concerne

____

(1) *Considérations sur l'histoire de France*, chapitre III.

l'instruction des enfants ; je ne m'en étonne pas, d'ailleurs, puisque, sous l'ancien régime, l'instruction primaire était tout entière dans la main des évêques ou de leurs délégués. L'État, qui ne s'en était jamais occupé et qui ne prévoyait pas ce qui allait advenir, devait avoir conservé, le 5 mai 1789, son ancienne manière de faire.

C'est donc dans les cahiers des trois Ordres que je cherche ce qu'à la veille de la Révolution, la nation désirait.

Le clergé demande :

1° La conservation des ordres monastiques, sous la condition qu'ils seront plus généralement employés à l'instruction de la jeunesse et au service des hôpitaux.

2° Un plan d'éducation nationale dont l'enseignement sera confié partout à des communautés ecclésiastiques séculières ou régulières, dans toutes les provinces.

3° Qu'il soit établi dans les villes épiscopales un établissement pour former les maîtres et les maîtresses d'école (1), sous l'inspection immédiate de l'évêque ou de celui qu'il lui conviendra de déléguer pour le remplacer dans cette surveillance, attendu que la nomination des maîtres et des maîtresses, dans les campagnes, ne doit appartenir qu'à lui seul, et que, placés près de lui et sous ses yeux, ils seront plus instruits et élevés d'une manière plus convenable en vue de leurs fonctions.

4° Que les maîtres et les maîtresses soient plus largement rétribués.

5° Il insiste pour que, dans l'intérêt des mœurs, il soit

---

(1) C'était demander des écoles normales de filles, question qui n'est pas encore résolue.

établi dans toutes les paroisses, des écoles distinctes pour chaque sexe (1).

6°. Que les maîtres et les maîtresses ne soient admis qu'après avoir donné des preuves de leur science, de leur religion et de la régularité de leur conduite, en produisant à l'appui les témoignages les plus sérieux.

7° Qu'après avoir parcouru honorablement leur carrière et rempli tous leurs devoirs, ils reçoivent une pension de retraite dès qu'ils ne seront plus en état de pouvoir continuer leurs fonctions.

Mais où le clergé va trop loin, c'est quand il demande, dans certains cahiers, que les maîtres et les maîtresses d'école ne soient pas seulement soumis à l'inspection des curés, mais qu'ils puissent encore être destitués par eux, et que personne n'enseigne sans avoir donné des preuves de son attachement à la religion catholique.

On peut admettre l'inspection des curés, puisqu'elle datait de l'ancien régime (2), mais que les curés pussent révoquer les maîtres et les maîtresses d'école, c'était un peu trop fort; et puis, voyez combien le clergé de 1789 était intolérant : pour enseigner, il fallait être bon catholique. C'est toujours le principe de la révocation de l'édit de Nantes.

Quoiqu'il en soit, le clergé espérait conserver la direction de l'instruction primaire; il y tenait; et si l'on élimine de ses cahiers la révocation des maîtres et des maîtresses

____

(1) Il en est de cette question comme de celle des écoles normales de filles. Toute commune dont la population est au-dessous de 500 habitants, peut encore avoir une école mixte.

(2) Elle existe encore à l'heure où j'écris.

par les curés, et la question d'intolérance, le plan d'organisation qu'il proposait n'était pas sans mérite.

« Les cahiers de la noblesse se bornent à demander
» qu'on s'occupe activement de favoriser l'éducation, qu'on
» l'étende aux villes et aux campagnes, et qu'on la di-
» rige d'après des principes conformes à la destination
» des enfants ; que surtout on donne à ceux-ci une édu-
» cation nationale, en leur apprenant leurs devoirs et leurs
» droits de citoyen. Ils veulent même qu'on rédige pour
» eux un catéchisme où seraient mis à leur portée les
» points principaux de la Constitution. Du reste, ils n'indi-
» quent pas les moyens à employer pour faciliter et pour
» répandre l'instruction ; ils se bornent à réclamer des
» établissements d'éducation pour les enfants de la noblesse
» indigente (1). »

Beaucoup de cahiers consentent que l'enseignement soit
donné au clergé.

Ce consentement de la noblesse n'a rien d'inconciliable
avec sa demande d'une éducation nationale ; car il ne faut
pas oublier que sous l'ancien régime, les évêques étaient
presque tous des grands seigneurs appartenant aux plus
grandes familles de France, riches des revenus qu'ils tou-
chaient sur les biens d'église, comme évêques et comme
abbés d'une ou de plusieurs abbayes ; ils avaient chacun,
en moyenne, de deux à trois cent mille francs de rente,
valeur d'aujourd'hui.

A la tête du premier ordre de l'État, ils conservaient tant
vis-à-vis du roi que vis-à-vis du pape, une certaine indé-

____

(1) Alexis de Tocqueville, l'*Ancien régime et la Révolution*, notes.

pendance ; j'ajoute que jusqu'en 1789, les curés furent patriotes. L'instruction publique confiée à la direction et aux soins de ce clergé *français*, ne pouvait pas avoir, pour la société, les mêmes dangers que de nos jours, où tout le clergé de France est ultramontain.

Comme le clergé et la noblesse, le Tiers-État demande un plan d'éducation nationale, et il y comprend les exercices du corps, c'est-à-dire la gymnastique.

Comme la noblesse, il veut que l'on écrive, pour les écoles, des livres classiques qui enseignent les premiers principes de la morale et des droits constitutionels.

Il demande qu'il soit créé, dans chaque paroisse, une école *gratuite* où les enfants apprendront la lecture et l'écriture, et, dans les villes, les éléments des arts utiles.

Le programme de cet enseignement, pour les écoles de villages, est bien faible ; mais il est à remarquer qu'il en veut un plus étendu pour les écoles des villes. Le Tiers-État partage ainsi l'avis de la noblesse, à savoir que les enfants doivent être instruits d'après des principes conformes à leur destination présumée.

Où le Tiers-Etat se sépare complètement des deux premiers Ordres, c'est quand il affirme la nécessité de soustraire les écoles à la direction du clergé ; il demande qu'elles relèvent du pouvoir civil, c'est-à-dire des assemblées municipales et provinciales.

Le cahier du Tiers-État de la ville de Paris doit être cité entre tous les autres ; on y trouve :

Article XI. — « Il sera établi, dans les villages ayant » plus de cent feux, un maître et une maîtresse d'école » pour donner des leçons *gratuites* à tous les enfants de

» l'un et de l'autre sexe, *et une sœur de charité pour soigner*
» *les malades.* »

Une paroisse de cent feux peut équivaloir à un village
de quatre cents à cinq cents habitants ; or, il n'y a que
quelques années que les communes de cinq cents âmes et
au-dessus sont tenues d'avoir, pour les filles, une école distincte de celle des garçons (1).

Je note, en passant, cette demande d'une sœur de charité
pour soigner les malades dans les paroisses de plus de
cent feux ; j'y reviendrai quand je parlerai de l'instruction
primaire obligatoire, gratuite et laïque.

Je lis également à l'article XII du même cahier :

« Les fonds pour le paiement desdits maîtres et maîtresses
» d'école et sœurs de charité, approvisionnement de livres
» et papier pour l'école, fourniture gratuitement de médica-
» ments pour les pauvres, seront pris par addition sur les
» fonds destinés aux réparations des églises et presbytères. »

Cela veut dire, si je ne me trompe, que l'on devrait
ajouter aux fonds destinés aux réparations des églises et
des presbytères, les sommes nécessaires au service gratuit
de l'enseignement, des médicaments, ainsi qu'à l'entretien
de la sœur ; et que ces additions devaient naturellement
tomber à la charge de ceux qui étaient obligés d'entretenir
le presbytère et l'église.

Or, suivant l'édit de 1695, les réparations du chœur de
l'église étaient à la charge des gros décimateurs de la paroisse ; celles de la nef et la clôture des cimetières étaient
à celle des habitants ; les ornements, les livres et les vases

______

(1) La loi du 15 mars 1850 n'impose cette obligation qu'aux communes
qui comptent plus de huit cents habitants.

sacrés devaient être fournis par la fabrique ; la construction, comme les réparations des presbytères, devaient être payées par les habitants.

D'où il résulte que c'était non pas le clergé, mais les communautés rurales qui auraient eu à payer la plus forte part des dépenses projetées.

Je termine ce paragraphe en remarquant que les trois Ordres jugent nécessaire l'établissement d'une éducation nationale ; le clergé demande que la direction lui en soit confiée ; la noblesse la lui accorde, à peu près, mais le Tiers-État la lui refuse.

Un point commun à la noblesse et au Tiers-État, c'est qu'ils reconnaissent ensemble l'utilité d'un enseignement de la morale et des droits constitutionnels ; en d'autres termes, l'utilité de l'éducation morale et civique.

Nous allons voir comment il a été tenu compte de ces vœux.

II

La Constituante de 1789

L'Assemblée nationale constituante de 1789 n'eut pas de temps à donner à une nouvelle organisation de l'instruction publique.

A la séance du 13 octobre 1790, l'évêque d'Autun, Talleyrand, monta à la tribune et annonça, au nom du comité de constitution dont il faisait partie, que le grand travail sur l'éducation publique touchait à sa fin, et qu'il serait mis incessamment sous les yeux de l'Assemblée ; mais

qu'il craignait que, sur des motions incidentes et préma-
turées, on n'obtienne des décrets particuliers qui pourraient
contrarier les décrets généraux à rendre sur cet objet. Il
ajouta que l'incertitude dans laquelle les institutions publiques se trouvaient, les jetaient dans une langueur nuisible
à l'enseignement, et qu'il était à propos de faire cesser
provisoirement. Après avoir parlé de conserver plusieurs
dépôts précieux de titres et de chartes, il proposa le projet
de décret suivant :

Article 1er. « L'Assemblée nationale, après avoir ouï le
» rapport de son comité de constitution, déclare qu'elle ne
» s'occupera, quant à présent, d'aucune partie de l'instruc-
» tion publique. »

Article 2. « Elle décrète qu'afin que le cours de l'ins-
» truction ne soit pas arrêté, le Roi sera prié d'ordonner
» que les rentrées dans les écoles publiques, à l'exception
» des séminaires, se feront cette année-ci comme à l'ordi-
» naire. »

Article III. « Elle charge les directoires de département
» de faire dresser des états des titres, chartes, biblio-
» thèques et autres objets précieux qui se trouvent dans
» leur ressort, et leur en recommande la conservation. »

Article IV. « Elle charge les municipalités de Paris de
» donner les mêmes soins aux nombreux établissements,
» aux dépôts de chartes, titres, papiers, bibliothèques
» qu'elle renferme dans son sein, et de se joindre, pour
» cet objet, aux membres du comité d'aliénation. »

L'Assemblée adopta le projet de décret de l'évêque
d'Autun.

Onze mois plus tard, à la veille de la séparation des

Constituants (1), dans les séances des 10 et 11 septembre 1791, Talleyrand vint donner lecture de son rapport sur l'instruction et l'éducation publiques.

Il disait : « L'instruction doit exister pour tous. Nul ne
» peut en être exclu, et celui-là même qui a le moins de
» propriétés, semble avoir le plus de droit à être instruit.
» Chacun a aussi le droit de répandre des lumières ; la
» confiance peut seule dicter des lois à cet égard. Il ne
» peut donc y avoir de privilège... quoique tous ne puis-
» sent pas tout savoir, chacun cependant a le droit de tout
» apprendre. Il faut donc que l'instruction soit également
» accommodée aux deux sexes et qu'elle s'applique à tous
» les âges. »

L'instruction devait donc être répandue de la façon la plus large, les garçons et les filles devaient être mis à même d'en profiter, et le principe de la liberté de l'enseignement était réputé nécessaire (2).

Il est à remarquer également que Talleyrand voulait, pour les filles, un enseignement d'un ordre élevé ; nous ne l'avons pas encore complètement réalisé.

« Le but de l'instruction, continue l'ex-évêque d'Autun,
» peut se réduire à quatre objets principaux : connaître la
» Constitution, la défendre, la perfectionner, et connaître
» tous les principes de morale publique et privée sur les-
» quels elle repose. *Le premier objet exige que la déclara-*

---

(1) C'est le 30 septembre 1791 qu'eut lieu la dernière séance de l'Assemblée nationale constituante.

(2) Au temps de la Révolution, le principe de la liberté de l'enseignement était en général admis par tout le monde ; mais il était plutôt invoqué contre le clergé, qui avait eu la direction de l'instruction sous l'ancien régime, qu'en sa faveur. On ne prévoyait pas l'avenir.

» *tion des droits devienne un catéchisme de la Constitution*
» *que les enfants apprennent et répètent sans cesse.* »

Ce n'était plus des enfants de chœur que l'on voulait
former, c'était des citoyens.

« Les Français doivent défendre la Constitution, qu'ils
» sachent donc s'acquitter de tous les exercices militaires;
» qu'ils apprennent à développer leur force, à la connaître,
» à l'employer avec succès...

» Enfin, les Français s'appliqueront à l'étude de la
» morale. Désormais, on s'occupera, non-seulement à la
» graver dans les cœurs, mais encore on en enseignera les
» principes. Cette nouvelle partie exigera un ouvrage élé-
» mentaire tout à la fois clair et profond. Sans doute,
» chacun concourra à lui donner toute la perfection dont il
» sera susceptible. »

C'était réaliser les vœux émis dans les cahiers de 1789.

Talleyrand continuait en concluant qu'il fallait une instruction commune à tous; une instruction particulière pour
un grand nombre, et pour un certain nombre une instruction dirigée entièrement vers l'état qu'ils avaient choisi.

Il y a là une division générale qui est aujourd'hui à peu
près appliquée.

La première devait être donnée dans les écoles de cantons ; c'était l'instruction primaire. Elle devait comprendre :
1° les éléments du calcul ; 2° les éléments de la religion ;
3° les premiers éléments de la morale ; 4° les principes de
la constitution ; 5° la gymnastique.

Une école primaire pour un canton, c'était bien peu ; il
est probable pourtant que, dans un même canton, il aurait
pu en exister plusieurs.

L'instruction primaire seule devait être donnée gratuitement; quant à la rendre obligatoire, il n'en était nullement question.

A la séance du 25 septembre 1791, cinq jours avant celle du 30 du même mois qui fut la dernière de l'Assemblée de 1789, Buzot disait :

« On a mis à l'ordre du jour le projet de travail sur l'ins» truction nationale. L'immensité des articles qui suivent » le travail fait par M. Talleyrand, tel qu'il a été imprimé » et distribué, ne permet pas à l'Assemblée de s'occuper » de cet objet. Je ne crois pas qu'il soit possible de nous en » occuper dans un moment où, fatigués de tant de travaux, » nous sommes près d'en confier la suite à nos succes» seurs. Le travail est immense, et le temps que nous pou» vons y donner est trop court pour que nous puissions y » apporter l'attention que cet objet exige. Le mieux est de » ne rien faire quand on ne peut pas faire bien. Il est tant » d'autres travaux importants qui exigent moins de temps » et de travail ! Occupons-nous de les achever. Je demande » donc que le projet de M. Talleyrand soit ajourné jusqu'à » la prochaine législature. »

C'est ce qui fut fait.

L'Assemblée nationale constituante ne fit donc autre chose pour l'instruction publique que d'insérer dans la Constitution de 1791 :

« Il sera créé et organisé une instruction publique com» mune à tous les citoyens ; gratuite à l'égard des parties » indispensables à tous les hommes, et dont les établisse» ments seront distribués graduellement dans un rapport » combiné avec les divisions du royaume. »

Il en fut à la clôture de l'Assemblée comme il en avait été à l'ouverture des États généraux. Dans les discours du Roi et du Président, on ne trouve aucune phrase qui concerne l'instruction publique.

III

L'Assemblée nationale législative

Elle ne paya pas la lettre de change tirée sur elle par la Constituante, elle ne fit rien pour l'instruction.

IV

La Convention

(21 septembre 1792-26 octobre 1795)

Tout le monde sait quelle fut l'existence orageuse de la Convention nationale et le courage qu'elle déploya au milieu des tempêtes politiques pour repousser l'invasion étrangère.

Cela ne l'empêcha pas de fonder en France l'instruction publique à tous ses degrés (1). Je détache de son œuvre ce qui regarde l'instruction primaire.

C'est le 12 décembre 1792 que commence la discussion, et notez que l'Assemblée s'est réunie, pour la première fois, le 12 septembre. Un Girondin, Ducos, propose l'ensei-

____

(1) Voir le beau livre de M. Eugène Despois : *Le Vandalisme révolutionnaire. Fondations littéraires, scientifiques et artistiques de la Convention.* Paris, 1868. Germer-Baillière, éditeur.

gnement primaire *obligatoire,* et non seulement obligatoire, mais encore *commun,* c'est-à-dire, qu'il refuse au père de famille la faculté de faire instruire son enfant chez lui.

A la suite de cette discussion, la Convention rend le décret suivant : « Les écoles primaires formeront le pre-
» mier degré d'instruction. On y enseignera les connais-
» sances rigoureusement nécessaires à tous les citoyens.
» Les personnes chargées de l'enseignement dans ces écoles
» s'appelleront *instituteurs.* »

C'est à la Convention, et ils ne s'en doutent guère, que les maîtres d'école doivent le nom d'instituteurs qu'ils portent si fièrement aujourd'hui.

Du 12 décembre 1792 au mois de juin 1793, la Convention, absorbée par d'autres affaires, et l'on sait lesquelles, laisse là l'instruction primaire, mais elle la reprend. Sur le rapport de Lakanal, elle décide, contrairement à la proposition antérieurement faite par Ducos, que « la loi ne
» peut porter atteinte au droit qu'ont les citoyens d'ouvrir
» des cours et des écoles particulières et libres, sur toutes
» les parties de l'instruction, et de les diriger comme bon
» leur semble. »

Elle reconnaît ainsi ce que l'on appelle aujourd'hui le droit des pères de famille.

Elle ajoute que « les plus jeunes enfants seront confiés
» d'abord à l'institutrice, et que les garçons ne devront
» passer entre les mains de l'instituteur qu'après avoir reçu
» les premières leçons de lecture et d'écriture. »

Il me semble que je trouve là le germe et l'origine des salles d'asile.

Le 29 frimaire an II (19 décembre 1793) l'enseignement

primaire obligatoire est voté après un discours de Danton, qui en soutient la nécessité contre un conventionnel de son parti : Thibeaudeau.

« L'enseignement est libre, il sera fait publiquement.
« Les citoyens et les citoyennes voulant ouvrir une école,
« devront en faire la déclaration à la municipalité, dési-
« gner la science ou l'art qu'ils voudront enseigner et pro-
« duire un certificat de civisme et de bonnes mœurs...
« Point d'autre formalité.

« Le premier degré de l'instruction, c'est-à-dire l'ins-
« truction primaire, sera salarié par l'Etat.

« Les parents qui négligeront d'envoyer leurs enfants
« aux écoles primaires seront passibles, la première fois,
« d'une amende égale au quart de leurs contributions ; en
« cas de récidive, ils paieront une amende double et se-
« ront privés, pendant dix ans, de leurs droits de ci-
« toyens. »

Cela est bien ; et je m'étonne comment, dans des temps si troublés, les conventionnels pouvaient avoir conservé assez de sang froid pour résoudre ces questions ; nous n'a-vons plus à notre époque d'hommes qui aient cette trempe de caractère.

Une année plus tard, une loi du 27 brumaire an III (17 novembre 1794), rédigée par Lakanal, modifie le décret du 29 frimaire an II. Elle supprime l'obligation quant aux parents et la reporte maladroitement et injustement sur les enfants.

Tout jeune homme qui n'avait pas fréquenté les écoles primaires, devait subir un examen ; et s'il était prouvé qu'il n'eût pas les connaissances nécessaires à des citoyens français, écarté, jusqu'à ce qu'il les ait acquises, de toutes fonctions publiques.

Le salaire des instituteurs était fixé de 1,200 à 1,500 fr. Celui des institutrices de 1,000 à 1,200 fr.; c'est-à-dire en valeur actuelle de 2,400 à 3,000 fr. pour les premiers; et de 2,000 à 2,400 pour les secondes.

Celui qui connaît la Convention et son temps est saisi d'étonnement devant le soin que cette assemblée consacre à l'instruction primaire; elle n'oublie rien, rien ne l'arrête; mais ce n'est pas tout. A la veille de se séparer, elle fait une loi nouvelle sur l'organisation de l'instruction publique; seulement elle recule, la plupart des grands conventionnels sont morts; quoiqu'il en soit, cet acharnement, qu'on me passe le mot, de la Convention à s'occuper de l'instruction a quelque chose qui empoigne et qui m'oblige à m'incliner devant tant de force et de grandeur.

Je donne ci-après le titre premier de la loi du 3 brumaire an IV, qui est, je crois, peu connu.

LOI SUR L'ORGANISATION DE L'INSTRUCTION PUBLIQUE
DU 3 BRUMAIRE AN IV (24 octobre 1795).

La Convention nationale décrète :

Titre premier. — *Ecoles primaires.*

1. « Il sera établi dans chaque canton de la République » une ou plusieurs écoles primaires, dont les arrondisse- » ments seront déterminés par les administrations du dé- » partement.

2. » Il sera établi dans chaque département plusieurs » jurys d'instruction; le nombre de ces jurys sera de six au

» plus, et chacun sera composé de trois membres nommés
» par l'administration départementale.

3. » Les instituteurs primaires seront examinés par l'un
» des jurys d'instruction ; et, sur la présentation des admi-
» nistrations municipales, ils seront nommés par les admi-
» nistrations de département.

4. » Ils ne pourront être destitués que par le concours
» des mêmes administrations, de l'avis du jury d'instruc-
» tion et après avoir été entendus.

5. » Dans chaque école primaire, on enseignera à lire,
» à écrire, à calculer, et les éléments de la morale répu-
» blicaine.

6. » Il sera fourni par la République, à chaque institu-
» teur primaire, un local, tant pour lui servir de logement
» que pour recevoir les élèves pendant la durée des leçons.

» Il sera également fourni à chaque instituteur le jardin
» qui se trouverait attenant à ce local.

» Lorsque les administrations de département le juge-
» ront convenable, il sera alloué à l'instituteur une somme
» annuelle, pour lui tenir lieu du logement et du jardin
» susdits.

7. » Ils pourront, ainsi que les professeurs des écoles
» centrales et spéciales, cumuler traitements et pensions.

8. » Les instituteurs primaires recevront de chacun de
» leurs élèves une rétribution annuelle qui sera fixée par
» l'administration de département.

9. » L'administration municipale pourra exempter de
» cette rétribution un quart des élèves de chaque école
» primaire, pour cause d'indigence.

10. » Les règlements relatifs au régime des écoles pri-

» maires seront arrêtés par les administrations do dépar-
» tement et soumis à l'approbation du Directoire exécutif.

1f. » Les administrations municipales surveilleront im-
» médiatement les écoles primaires, et y maintiendront
» l'exécution des lois et des arrêtés des administrations
» supérieures. »

Cette loi qui supprime l'obligation et la gratuité est une
reculade; mais en matière d'instruction primaire cela n'a
rien qui doive étonner.

Un inspecteur primaire de Paris (1) qui a publié, en
1878, un livre dans lequel il essaie de débrouiller le cahos
des matières exigées à l'époque actuelle pour l'obtention
des différents brevets de capacité, dit dans sa Préface :

« Peut-être aussi ressortira-t-il de cette étude que chez
» nous, hélas! le progrès bien souvent consiste à revenir
» en arrière. »

Quoiqu'il en soit, cette loi du 24 octobre 1795 vaut encore mieux, à tout prendre, que celle dont je vais parler
au paragraphe suivant. Elle exige de l'instituteur des ga-
ránties de capacité, lui assure une position solide, soumet
les écoles à une surveillance, celle des administrations
municipales (2); mais elle n'élève en rien le niveau de l'instruction primaire telle qu'elle était donnée sous l'ancien
régime; je n'y vois qu'un progrès, c'est la substitution de

---

(1) *Guide des aspirants et aspirantes aux divers brevets de capacité pour
l'enseignement primaire,* par M. A. Lenient, inspecteur primaire à Paris,
préfet des études à l'Ecole normale de la Seine. — Paris, librairie classique
de Paul Dupont, 1878.

(2) Je ne suis pas trop partisan de ce mode de surveillance, elle met trop
l'instituteur dans la dépendance de l'administration municipale; et puis
elle présente un autre inconvénient, elle est plus théorique qu'effective.

l'enseignement de la morale républicaine à celui de la doctrine chrétienne (1).

V

Le Consulat et l'Empire

Bonaparte, par un coup de force, est premier consul; la France fatiguée, lui a malheureusement confié le soin de ses destinées ; en attendant qu'il soit empereur, il s'occupe aussi de l'instruction publique : et voici ce qui, dans la loi du 11 floréal an X, concerne l'instruction primaire :

LOI DU 11 FLORÉAL AN X

TITRE PREMIER

Division de l'instruction

Article 1er. — « L'instruction sera donnée :
1° » Dans les écoles primaires établies par les communes. »

TITRE II

Des écoles primaires

. . . .

Article 2. — « Une école primaire pourra appartenir à » plusieurs communes à la fois, suivant la population et » les localités de ces communes. »

Art. 3. — « Les instituteurs seront choisis par les maires

____

(1) L'instruction religieuse ne doit pas, à mon avis, être proscrite, elle est aussi un besoin; mais elle devrait être donnée aux enfants par les ministres des différents cultes.

» et les conseils municipaux ; leur traitement se compo-
sera :

» 1° Du logement fourni par les communes ;

» 2° D'une rétribution fournie par les parents et détermi-
» née par les conseils municipaux. »

Art. 4. — « Les conseils municipaux exempteront de la
» rétribution ceux des parents qui seraient hors d'état de
» la payer : cette exemption ne pourra néanmoins excéder
» le cinquième des enfants reçus dans les écoles primaires. »

Art. 5. — « Les sous-préfets seront spécialement chargés
» de l'organisation des écoles primaires : ils rendront
» compte de leur état, une fois par mois, aux préfets. »

Cette loi, qui dura tant que dura le premier empire, ne
me paraît pas imposer bien rigoureusement à la commune
l'obligation d'avoir soit pour elle seule, soit par association
avec d'autres, une école primaire.

Elle conserve à l'autorité civile la nomination de l'instituteur, et donne au sous-préfet la mission d'organiser et de
surveiller les écoles ; mais cette surveillance ne devait pas
être efficace, les sous-préfets avaient bien autre chose à
faire (1).

Elle ne rend pas l'instruction obligatoire et réduit au
cinquième du nombre des enfants qui fréquentent l'école,
ceux qui pourront jouir de la gratuité, et elle ne donne
aucun programme. Pour le trouver, il faut passer à celui
des écoles secondaires, et opérer par différence.

____

(1) Le décret du 17 mars 1808, qui constitue l'Université, ne changea
rien à la loi du 11 floréal an X, en ce qui touche l'instruction primaire ; il
recommanda seulement les écoles à la surveillance des autorités universitaires.

Le deuxième paragraphe du titre 1er, dit que l'instruction sera aussi donnée dans les écoles secondaires établies par des communes ou tenues par des maîtres particuliers (1).

Titre III
Des écoles secondaires

Article 6. — « Toute école établie par les communes » ou tenue par les particuliers, dans laquelle on enseignera » les langues latine et française, les premiers principes de » la géographie, de l'histoire et des mathématiques, sera » considérée comme école secondaire. »

L'instruction primaire ne pouvait donc comprendre que la lecture, l'écriture et le calcul.

Point d'enseignement obligatoire, une gratuité restreinte, un programme faible, nulle mention d'écoles spéciales pour les filles.

Mais le texte de cette loi ne nous donne qu'une idée imparfaite de l'enseignement qu'elle a créé et de la situation qu'elle a faite à l'instituteur.

Je recours aux archives communales de Saint-Joire pour élucider complètement ces questions.

VI

Un instituteur en l'an XI

« Le maire de la commune de Saint-Joire étant assemblé » avec le conseille de la dite commune ce dit jour huit

---

(1) Ces écoles secondaires, qui pouvaient être tenues par des maîtres particuliers, doivent faire supposer que le clergé reprenait, dès l'an X, une certaine place dans l'enseignement.

» vendémiaire an onze, par ordre du citoyen préfet, le
» maire a présenté aux dit conseille qu'il était urgent de
» mettre un instituteur pour linstruction de la jeunesse et
» pour deservire l'obligation qu'un maitre d'écolle devait
» faire dedans l'ancienne usage des cultes, c'est-à-dire de
» sonner l'angélusse le matin et le soirre, midy ; tenirre
» l'église propre, blanchire les linges à luzages des cultes,
» conduire lorloges, fournire l'huille d'olives, sonner lou-
» verture du jour pour les moisson et même le soirre pour
» la rentrée. En outre de tenire l'écolle propre pour la ditte
» instruction des enfans ; à charge par luy de tenirre le
» matin et le soirre la ditte écolle pendant tout les temps
» convenables pour les instructions ; à charge par ledit
» maître d'écolle de faire le catéchisme tout les fête et
» dimange aux deuxième coup de vèpres qui seras tintez
» pour lavertissement, en outre à charge par ledit maitre
» d'écolle de dirre les prières tous les jours de lannée, le
» soirre avant l'angélusse dont ledit maitre d'écolle
» teinteras lavertissement ; a charge aussy par luy dacom-
» pagner le ministre du culte dans ces fonction concernant
» ledit culte ; a charge par chaque habitant de payer au dit
» instituteur pour tenir lieux dindimpnitez (1) pour les
» obligations ci devant ditte, à cause que la commune na
» aucun revenû pour luy faire un fixe et nayant aucune
» espérance d'enavoirre, que chaque teste de habitant lui
» payeras une somme de un frans par chaque habitant qui
» luy serons païyez en deux payement et par moittié à
» chacun du dit payement, c'est a dire de six mois en six.

____

(1) D'indemnité.

» Il aura de chaque laboureur une gerbe de blé et une
» d'orge ; de chaque manœuvre un bouchot de male et un
» de femelle non tillie ; a charge aussy par chaque écollier
» de luy payer par mois, pour les écrivain, la somme de
» six sous ou trante centimes par chacun et par moy, et
» pour ceux qui nécrivent pas une somme de vingt cinq
» centime aussy par moy et par chacun deux ; a charge par
» les dit écollier de fournire le bois pour leur chauffé,
» ladite convention a étez faitte avec Claude Claude ancien
» instituteur de laditte commune de Saint-Joire, y demeu-
» rant maintenant, qui a bien voulù laccepter et se sou-
» mettre a toutes les obligation ci dessus énoncé ; lequelle
» a signé avec les dit membre présent soussigné, a charge
» par luy de commencer les ditte écolle le huitte frimaire
» prochain, et le tout sous le bon plaisir du citoyen sous-
» préfet, et dont nous hautorison le maire a en nenvoyer
» coppie sur papier imbre (1) aux dit citoyen sous préfet,
» pour tenir lieu de double aux dit Claude Claude, et ont
» signé : « Lapanne, maire ; J. Deter ; J. P. Maury ; N.
» Gervaisot ; J. Vincent ; J. Leclerc ; J. Lauran. »

Manque la signature de Claude Claude. — Mais cela n'a
rien d'extraordinaire dans la plupart des actes de cette
époque comme dans ceux des époques antérieures. Les
signatures principales sont souvent oubliées.

Cet instituteur de l'an XI, bien qu'il ait changé de co-
carde, nous le reconnaissons ; c'est le maître d'école de
l'ancien régime ; au lieu d'être nommé par les assemblées
populaires qui ont disparu et sous la condition de l'agré-

____

(1) Timbré.

ment du curé de la paroisse, qui est devenu le ministre du culte ; il l'est par le conseil municipal *sous le bon plaisir du citoyen sous-préfet.*

Mais il reste sacristain, chantre et sonneur; ce n'est plus seulement dans l'école qu'il doit enseigner le catéchisme, mais encore dans l'enceinte de l'église ; par surcroît, il est obligé d'y faire aux paroissiens les prières du soir, il conserve des fonctions ecclésiastiques, et ce qui est curieux, c'est que la commune le paie pour ce service.

En somme la révolution a passé, si l'instruction primaire ne dépend plus des évêques dont la situation a considérablement changé, elle n'a pas fait le moindre progrès, au contraire : elle a cessé d'être obligatoire ; et dans quelle école l'instituteur est-il formé? Dans aucune, absolument comme avant 1789 ; il se forme lui-même ou près d'un vieux confrère.

Sous l'ancien régime, il était obligé de passer deux examens au moins, il pouvait être soumis à un troisième ; la loi de floréal an X ne lui demande ni garantie de savoir, ni garantie de moralité. Elle est aussi une reculade sur la loi du 3 brumaire an IV (24 octobre 1795).

Que l'on me ramène aux évêques de Toul.

⁂

A. Ott.   5

CHAPITRE II

L'INSTRUCTION PRIMAIRE ET L'INSTITUTEUR SOUS LA RESTAURATION ET LA ROYAUTÉ DE JUILLET

I

L'instruction primaire sous la Restauration.

Dès 1816, le 28 février, une ordonnance royale impose aux instituteurs un brevet de capacité, c'est un progrès sur la loi du 11 floréal an X. — L'aspirant instituteur doit en outre présenter au recteur de l'académie un certificat de bonne conduite, et passer un examen devant un inspecteur ou tel autre fonctionnaire que le recteur désigne ; — s'il en est jugé digne, il reçoit un brevet.

Ce brevet pouvait être de 3me, de 2me ou de 1er degré. Le brevet de 3me degré, ou brevet inférieur, était donné à celui qui savait lire, écrire et chiffrer; pour obtenir celui du 2me, il fallait connaître en outre la calligraphie et l'orthographe ; enfin celui du 1er degré ou brevet supérieur était le lot de ceux qui possédaient la grammaire française, l'arithmétique, des notions de géographie, et quelques connaissances utiles.

Je ne trouve rien là dedans de bien riche et qui élève le niveau de l'instruction des enfants telle qu'elle était donnée sous l'ancien régime, au contraire ; car il est évident que dans les écoles de villag , il n'existait que des instituteurs sachant lire, écrire et chiffrer.

Au reste, il ne faut pas être trop difficile pour 1816, l'empire avait fait une si grande consommation d'hommes, qu'il ne devait pas y avoir, à cette époque, beaucoup de candidats aux fonctions d'instituteur.

II

L'instruction primaire sous la royauté de juillet.

L'article 69 de la charte constitutionnelle du 14 août 1830 disait qu'il serait pourvu, par une loi, à l'instruction publique, ainsi qu'à la liberté d'enseignement.

On fit la loi du 28 juin 1833.

Je n'ai pas ici à m'occuper des *écoles privées* qui, servant à ce que l'on a appelé la liberté d'enseignement, n'ont été, en définitive, qu'une satisfaction donnée au désir du clergé de reprendre dans sa main la direction de l'instruction ; comme s'il y avait une ressemblance quelconque entre le clergé de l'ancien régime et celui d'aujourd'hui.

Je ne m'occupe que des écoles *primaires publiques*, c'est-à-dire de celles qu'entretiennent, en tout ou en partie, les communes, les départements ou l'État.

La loi du 28 juin 1833 fait de l'instruction primaire deux parts : L'instruction primaire élémentaire et l'instruction primaire supérieure.

La première, dit l'article premier, comprend *nécessaire-ment :* « L'instruction morale et religieuse, la lecture, » l'écriture, les éléments de la langue française et du » calcul, le système légal des poids et mesures. »

On ne pouvait pas enseigner sous l'ancien régime le

système légal des poids et mesures qui n'existait pas ; cela mis de côté, trouvez-vous une différence quelconque entre ce que l'on apprenait aux enfants du XVIII° siècle dans les écoles de villages ; et ce que les instituteurs de 1833 devaient enseigner à leurs élèves ?

La seconde, continue de dire le même article, comprend *nécessairement en outre :* « Les éléments de la géométrie et » ses applications usuelles, spécialement le dessin linéaire » et l'arpentage, des notions des sciences physiques et de » l'histoire naturelle applicables aux usages de la vie, le » chant, les éléments de l'histoire et de la géographie ; et » surtout de l'histoire et de la géographie de la France. »

Il y eut donc, sous Louis-Philippe, une instruction primaire élémentaire et une instruction primaire supérieure, ce qui constituait deux genres d'école ; mais d'après l'article 10, l'école primaire supérieure n'était d'obligation que dans les communes chefs-lieux de département ou dans celles dont la population dépassait six mille âmes.

Seulement, comme il a toujours existé avec le ciel des accommodements, la loi du 23 juin 1833, ajoutait :

« Selon les besoins et les ressources des localités, l'ins- » truction primaire pourra recevoir les développements qui » seront jugés convenables. »

Malgré ce paragraphe, l'instruction primaire élémentaire resta, pendant toute la durée du règne, le lot des écoles de village ; l'instruction primaire supérieure ne fut donnée que dans les villes ayant une population de six mille habitants, plus ou moins ; les écoles des campagnes en restèrent privées, et le niveau de l'enseignement ne s'éleva point.

Pourtant, l'administration de l'instruction publique sentait bien que le législateur de 1833 n'avait pas assez fait ; mais celui-ci avait été retenu par la crainte d'imposer un programme d'examen trop difficile aux candidats instituteurs pour l'instruction primaire élémentaire (1).

Le conseil royal de l'instruction publique voulut porter remède à cet état de choses et relever l'enseignement ; une remarque curieuse, c'est qu'il soutint que les notions d'histoire et de géographie devaient être enseignées dans les écoles de villages, parce qu'elles faisaient partie intégrante de l'instruction religieuse, et que, de par la loi fondamentale de l'Université, il avait le droit de faire tous les ans des règlements d'études obligatoires (2).

Si le conseil royal de l'instruction publique avait tant de pouvoir, à quoi bon soumettre les questions d'enseignement aux assemblées législatives ?

L'article 2 de la loi du 28 juin 1833 porte que « le vœu » des pères de famille sera toujours consulté et suivi en ce » qui concerne la participation de leurs enfants à l'instruc- » tion religieuse. »

Ceci n'est qu'un mot, comme on en a tant fait, et je passe.

Mais, ce que j'aime dans cette loi de 1833, c'est qu'elle réalise, dans une certaine limite, un vœu émis dans les cahiers de 1789, celui-ci :

Article 11. — « Tout département sera tenu d'entretenir » une école normale primaire, soit par lui-même, soit en

---

(1) Discussion à la Chambre des députés; séance du 20 avril 1833.
(2) Décision du 17 octobre 1834.

» se réunissant à un ou à plusieurs départements voisins.

» Les conseils généraux délibéreront sur les moyens
» d'assurer l'entretien des écoles normales primaires. Ils
» délibéreront également sur la réunion de plusieurs dé-
» partements, pour l'entretien d'une seule école normale.
» Cette réunion devra être autorisée par ordonnance
» royale. »

De 1789 à 1833, il y a quarante-quatre ans ; tout vient à
point à qui sait attendre.

C'est en 1836 que l'on veut bien s'occuper des écoles de
filles.

Une ordonnance du roi, de cette année, porte :

TITRE PREMIER

*De l'instruction primaire dans les écoles de filles
et de son objet.*

Article 1er. — « L'instruction, dans les écoles de filles,
» est élémentaire ou supérieure.

» L'instruction primaire élémentaire comprend, *néces-
» sairement :* l'instruction morale et religieuse, la lecture,
» l'écriture, les éléments du calcul, les éléments de la
» langue française, le chant, les travaux à l'aiguille et le
» dessin linéaire. »

Les garçons doivent apprendre le système légal des
poids et mesures ; il paraît que les filles n'ont pas besoin
de le connaître ; en revanche, elles devront savoir le chant
et le dessin linéaire.

Le chant, soit, mais le dessin linéaire, pourquoi faire ?
Était-ce pour en faire des architectes ?

« L'instruction primaire supérieure comprend, en outre,

» des notions plus étendues d'arithmétique et de langue
» française, les éléments de l'histoire et de la géographie,
» en général, et particulièrement de l'histoire et de la géo-
» graphie de la France. »

Article 2. — « Dans les écoles de l'un et de l'autre degré,
» sur l'avis du comité local et du comité d'arrondissement,
» l'instruction pourra recevoir, avec l'autorisation du rec-
» teur de l'Académie, les développements qui seront jugés
» convenables selon les besoins et les ressources des loca-
» lités. »

III

L'obligation et la gratuité

L'article 9 de la loi du 28 juin 1833 dit que « toute com-
» mune sera tenue soit par elle-même, soit en se réunissant
» à une ou plusieurs communes voisines, d'entretenir une
» école primaire élémentaire. »

Il résulte de là, pour les communes, l'obligation de
mettre une école à la disposition des enfants ; mais cela
n'est pas l'instruction primaire obligatoire ; c'est-à-dire que
les parents restent parfaitement libres d'envoyer ou non
leurs enfants à cette école.

Quant à la gratuité (1), il doit être fourni par la commune à tout instituteur communal, un local convenable,
tant pour lui servir d'habitation que pour recevoir ses
élèves.

Elle doit également lui servir un traitement fixe, dont le

______

(1) Articles 12, 13, 14.

minimum est fixé ; si les revenus communaux sont insuffisants, le département et ensuite l'État doivent y pourvoir ; mais cela n'empêche pas les parents de payer à l'instituteur communal une contribution mensuelle qui vient s'ajouter au traitement fixe et augmenter le revenu de l'instituteur.

Son traitement se compose donc, indépendamment de la rétribution scolaire payée par les parents, d'une subvention faite par la commune, et, à son défaut, par le département et l'État (1).

Ces subventions constituent un progrès et sont un pas fait vers la gratuité complète, laquelle n'existe que pour les enfants pauvres désignés par le conseil municipal.

Ces dispositions n'ont pas été changées par la loi du 15 mars 1850.

Le jour, et il n'est pas loin, je l'espère, où les parents seront obligés, sous certaines peines, d'envoyer leurs enfants à l'école qui est mise à leur disposition, et où les départements et l'État voudront bien augmenter le chiffre des subventions qu'ils paient déjà, l'instruction primaire pourra, sans grand effort, être rendue obligatoire et gratuite.

IV

De la surveillance des écoles

L'article 17 institue près de chaque école communale, un comité de surveillance composé du maire ou adjoint,

______

(1) L'article 18 établit dans chaque département une caisse d'épargne et de prévoyance en faveur des instituteurs primaires communaux.

président; du curé ou pasteur, et d'un ou plusieurs habitants notables désignés par le comité d'arrondissement.

Ce comité d'arrondissement, créé par l'article 19 (1), était composé :

Du maire du chef-lieu ou du plus ancien maire de la circonscription ;

Du juge de paix ou du plus ancien des juges de paix de la circonscription :

Du curé ou du plus ancien curé de la circonscription ;

D'un ministre des autres cultes reconnus par la loi ;

D'un proviseur, principal de collège, professeur, régent, chef d'institution ou maître de pension désigné par le ministre de l'instruction publique, lorsqu'il existait des collèges, institutions ou pensions dans la circonscription du comité ;

D'un instituteur résidant dans la circonscription du comité et désigné par le ministre de l'instruction publique ;

De trois membres du conseil d'arrondissement ou habitants notables désignés par ledit conseil ;

Des membres du conseil général du département qui avaient leur domicile réel dans la circonscription du comité.

Le procureur du roi faisait partie de droit de tous les comités de l'arrondissement.

Quant à la présidence, elle appartenait de droit au préfet pour tous les comités du département, et au sous-préfet pour tous ceux de l'arrondissement.

------

(1) Il pouvait y avoir, dans le même arrondissement, plusieurs comités. Le ministre de l'instruction publique pouvait en établir suivant la population et les besoins des localités, et en déterminer la circonscription par cantons isolés ou agglomérés (art. 18).

Mais ces présidences, qui devaient être souvent plus honoraires que réelles, pouvaient être remplacées par une vice-présidence.

Chaque comité avait la faculté de choisir son vice-président et son secrétaire, et de prendre celui-ci hors de son sein.

Ces comités devaient s'assembler au moins une fois par mois.

Le comité communal ou local (art. 21) était chargé d'inspecter les écoles publiques ou privées de la commune.

Le comité d'arrondissement inspectait ou faisait inspecter, par des délégués pris parmi ses membres ou hors de son sein, toutes les écoles primaires de son ressort.

V

L'instituteur

Nul ne pouvait être instituteur public ou privé sans avoir obtenu un brevet de capacité, après examen, et sans avoir produit au maire un certificat de moralité, lequel devait lui être délivré sur l'attestation de trois conseillers municipaux, par le maire de la commune ou de chacune des communes où il avait résidé depuis trois ans.

L'article 25 avait décidé qu'il y aurait, dans chaque département, une ou plusieurs commissions d'instruction primaire chargées d'examiner tous les aspirants aux brevets de capacité soit pour l'instruction primaire élémentaire, soit pour l'instruction primaire supérieure.

Ces commissions, dont les membres étaient nommés par

le ministre de l'instruction publique, délivraient les brevets sous l'autorité de ce ministre.

Elles étaient en outre chargées de faire l'examen d'entrée et de sortie des élèves de l'école normale primaire.

Les examens étaient publics, et avaient lieu à des époques déterminées par le ministre de l'instruction publique.

Quant à la nomination des instituteurs, le conseil municipal de la commune présentait, pour les écoles publiques, les candidats au comité d'arrondissement, après avoir pris préalablement l'avis du comité communal. C'est alors que le comité d'arrondissement nommait l'instituteur, procédait à son installation et recevait son serment.

L'instituteur communal était ensuite institué par le ministre de l'instruction publique.

En cas de négligence habituelle ou de faute grave de l'instituteur communal, dit l'article 23, le comité d'arrondissement, ou d'office, ou sur la plainte adressée par le comité communal, mande l'instituteur inculpé ; après l'avoir entendu ou dûment appelé, il le réprimande ou le suspend pour un mois avec ou sans privation de traitement, ou même le révoque de ses fonctions.

L'instituteur frappé d'une révocation pouvait se pourvoir devant le ministre de l'instruction publique en conseil royal. Ce pourvoi devait être formé dans le délai d'un mois à partir de la notification de la décision du comité, et de cette notification, il devait être dressé procès-verbal par le maire de la commune.

Toutefois la décision du comité était exécutoire par provision.

Si j'ai donné ci-dessus et tout au long l'organisation de

l'instruction primaire faite par le législateur de 1833, c'est qu'elle exige des candidats instituteurs des garanties sérieuses de capacité et de moralité, et que si elle ne fait pas une situation bien riche aux instituteurs, une fois nommés, elle leur assure au moins une position solide.

Cette solidité de position l'instituteur l'a perdue par les lois postérieures à 1833, et depuis il ne l'a pas recouvrée.

C'est toujours la même histoire, et cela me rappelle la célèbre procession qui se fait tous les ans à Luxembourg; les assistants y font trois pas en avant puis un pas en arrière; en matière d'instruction primaire on avance de quatre et l'on recule de cinq.

Cela dit, je passe à l'époque actuelle.

TITRE III

L'ÉPOQUE ACTUELLE

CHAPITRE I

L'INSTRUCTION PRIMAIRE

I

Principaux caractères de la loi du 15 mars 1850

Je veux terminer cette brochure, et afin de le faire rapidement, je vais prendre le règlement pour les écoles primaires tel qu'il existe aujourd'hui.

On y remarquera qu'il y est fait à l'instruction religieuse une place si grande qu'elle absorbe trop du temps de l'instituteur, ce qui doit naturellement l'empêcher de soigner, comme il le faudrait, les autres parties de l'instruction.

La loi du 15 mars 1850 n'a pas non plus fait faire de progrès à l'instruction primaire; elle a supprimé l'instruction primaire supérieure pour la remplacer par un enseignement facultatif, et c'est encore une reculade.

C'est aussi cette loi qui a décidé que la lettre d'obé-

dience tiendrait lieu de brevet aux institutrices appartenant à des congrégations religieuses vouées à l'enseignement et reconnues par l'Etat.

Si l'on songe qu'il existait en France en 1877, trente-
neuf mille cinq cent quinze institutrices congréganistes,
tant titulaires qu'adjointes, dans les écoles primaires publiques et privées, contre vingt-trois mille quatre-vingt-
seize laïques, et que le plus grand nombre de ces 39,515
congréganistes ne sont pas brevetées, c'est effrayant (1).

II

Règlement pour les écoles primaires

Il est daté de Paris du 23 mars 1852, et signé Fortoul.

Dans son célèbre discours de Bordeaux, où il disait :
l'*Empire c'est la paix;* Louis-Napoléon Bonaparte ajoutait :

« *Je veux conquérir à la religion, à la morale, à l'ai-*
» *sance, cette partie si nombreuse de la population qui,*
» *dans un pays de foi et de croyance, connaît à peine les*
» *préceptes du Christ.* »

Il paraît qu'avant la venue de ce treizième apôtre,
qui fut aussi un grand moraliste, les Français ignoraient
à peu près l'Evangile. Qu'est-ce que pouvait donc bien
faire le clergé antérieurement à 1852?

Si l'Empire ne fut pas la paix; les préceptes du Christ
furent enseignés et le sont encore sur une très grande
échelle dans nos écoles primaires.

---

(1) Voir le numéro du *Progrès de l'Est* du 20 juillet 1877.

Le règlement du 23 mars 1852 est toujours en vigueur, et le voici :

Titre premier.

DES DEVOIRS PARTICULIERS DE L'INSTITUTEUR

Article 1er. « Le *principal* devoir de l'instituteur est de » donner aux enfants une éducation religieuse ; et de gra- » ver profondément dans leurs âmes le sentiment de leurs » devoirs envers Dieu, envers leurs parents, envers eux- » mêmes.

Article 2. » Il doit instruire par ses exemples comme » par ses leçons. Il ne se bornera pas à recommander et » à faire accomplir les devoirs que la religion prescrit; il » ne manquera pas de les accomplir lui-même.

Article 3. » On ne le verra jamais dans les cabarets, » dans les cafés, dans aucun lieu, dans aucune société qui » ne conviendrait point à la dignité de ses fonctions.

Article 4. » Il se montrera plein de déférence et de res- » pect pour les autorités en général; et, en particulier, »'pour celles qui sont préposées à l'instruction publique.

Article. 5. » Il veillera avec une constante sollicitude » sur tout ce qui intéresse l'esprit et le cœur, les mœurs » et la santé des enfants. Il n'aura point de familiarité » avec eux, il s'abstiendra de les tutoyer et ne leur don- » nera jamais de noms injurieux. Il ne se laissera point » aller à la colère; il saura toujours allier le calme et la » douceur à la fermeté et à la sévérité. »

Ne vous semble-t-il pas que tout cela a été dit par les évêques de Toul, bien avant 1852, et dans un style moins filandreux?

Je continue :

Titre IV.

DE L'ENSEIGNEMENT. — RELIGION.

Article 20. « Un Christ sera placé dans la classe en vue
» des élèves.

Article 21. » Les classes seront toujours précédées et
» suivies d'une prière : elle sera dite posément, d'une voix
» distincte et *avec un accent pénétré;* celle du matin com-
» mencera par la prière du matin contenue dans le Caté-
» chisme du diocèse; et celle de l'après-midi se terminera
» par la prière du soir du même Cathéchisme.

» A la fin de la classe du matin, on récitera la prière :
» *Sainte Mère de Dieu, nous nous mettons sous votre pro-*
» *tection;* au commencement de la classe du soir, on dira
» la prière : *Venez Esprit Saint.*

Article 22. » L'instituteur conduira les enfants aux offi-
» ces, les dimanches et fêtes conservées à la place qui leur
» aura été assignée par le curé; il est tenu de les y sur-
» veiller.

Article 23. » Toutes les fois que la présence des élèves
» sera nécessaire à l'église pour les catéchismes, et prin-
» cipalement à l'époque de la première communion, l'ins-
» tituteur devra les y conduire ou les y faire conduire.

Article 24. » L'instituteur veillera particulièrement à
» la bonne tenue des élèves pendant les prières et exer-
» cices de la religion, et il les portera au recueillement
» par son exemple. •

Art. 25. » On ne se servira, pour l'enseignement reli-
» gieux, que de livres approuvés par l'autorité ecclésias-
» tique.

Article 26. » L'enseignement religieux comprend la » lettre du catéchisme et les éléments d'histoire sainte. » On y joindra chaque jour une partie de l'évangile du » dimanche, qui sera récité en entier le samedi. *Il y aura* » *une leçon de catéchisme chaque jour*, même pour les en- » fants qui ont fait leur première communion. »

Je m'arrête stupéfait! les évêques de Toul, tout évêques qu'ils étaient, avaient moins d'exigence; le maître d'école ne devait donner des leçons de catéchisme que deux fois par semaine. Quant aux enfants qui avaient fait leur première communion, c'est-à-dire pour les adultes, c'était au curé de la paroisse qu'incombait l'obligation de leur donner des leçons de catéchisme dans l'intérieur de l'église.

Il faut convenir que le bon Dieu a accordé une belle grâce à Louis-Napoléon Bonaparte en le faisant si dévot, comme en lui mettant sous la main des ministres si onctueux.

Et pour me reposer, je termine ce paragraphe par une anecdote :

Je me rappelle avoir rencontré, en 1857, dans une commune située dans la partie nord du département de la Meuse, un brave instituteur congréganiste; je ne sais plus à quel ordre il appartenait, mais il ne portait pas le costume des frères ignorantins. Il avait trouvé un moyen fort ingénieux de simplifier son enseignement primaire : il n'apprenait à ses élèves que des cantiques. C'était une jubilation pour les étrangers qui passaient devant la maison d'école que d'entendre tous ces enfants crier à qui mieux mieux.

A. Orr.   6

La femme de M. le maire était enchantée, et lui de son côté était content de voir sa femme en belle humeur.

Il est vrai que cet instituteur si remarquable joignait à son zèle pour l'instruction, le précieux talent de bien organiser les reposoirs aux jours de la Fête-Dieu ; nul ne le surpassait dans la confection des couronnes de mousse ; il avait dans les veines du sang d'artiste. J'ignore ce qu'il est devenu ; mais quand j'ai quitté le pays, les habitants de la commune fatigués de ses concerts, et, comme des profanes qu'ils étaient, commençaient à lui montrer les dents. L'ont-ils mangé ? j'espère que non ; qui sait si l'empire ne l'a pas décoré.

TITRE IV

De l'enseignement

Article 13. — « L'enseignement, dans les écoles primai-
» res publiques, comprend, nécessairement :

» 1° D'après l'article 23 de la loi du 15 mars 1850 :

» *L'instruction morale et religieuse, la lecture, l'écriture les éléments de la langue française, le calcul et le système légal des poids et mesures.* »

C'est absolument le même programme que celui de la loi du 28 juin 1833 ; il n'y a rien de changé.

A ces matières sont ajoutés, pour les filles, les travaux à l'aiguille.

« 2° D'après l'article 10 de la loi du 10 avril 1867 :

» *Les éléments de l'histoire et de la géographie.* »

Voilà tout le programme de l'instruction primaire, telle qu'elle est aujourd'hui donnée ; franchement, trouvez-vous qu'il y ait eu beaucoup de progrès réalisés depuis deux cents ans.

III

De l'enseignement facultatif

Le programme de l'instruction primaire que je viens d'indiquer ci-dessus, est obligatoire pour l'instituteur, c'est-à-dire qu'il doit, sans en rien retrancher, enseigner à ses élèves toutes les matières qui y sont contenues.

Mais, à la suite de ce programme, il y en a un autre ; c'est-à-dire qu'il existe un deuxième enseignement qui n'a aucun caractère d'obligation et qui est purement et simplement facultatif.

L'article 14 du règlement pour les écoles primaires est ainsi conçu :

« Lorsque l'instituteur en aura reçu l'autorisation du » conseil départemental, l'enseignement pourra porter, en » outre, en tout ou partie sur les matières suivantes:

« *1° D'après l'article 23 de la loi du 15 mars 1850 :*

« » L'arithmétique appliquée aux opérations pratiques.

» Des éléments d'histoire et de géographie générales.

» Des notions des sciences physiques et de l'histoire natu-» relle applicables aux usages de la vie.

» Des instructions élémentaires sur l'agriculture, l'indus-» trie et l'hygiène.

» L'arpentage, le nivellement, le dessin linéaire. »

Comprenez-vous qu'il soit possible d'enseigner aux enfants l'arpentage, le nivellement et le dessin linéaire sans leur avoir donné d'abord quelques notions de géométrie.

On a mis quinze ans à réparer cette omission.

En effet, l'article 19 de la loi du 21 juin 1865 ajoute à l'enseignement facultatif :

« Le dessin d'ornement, le dessin d'imitation, les langues » vivantes étrangères, la tenue des livres et les éléments de » la géométrie. »

Je vais peut-être vous étonner et vous donner à penser que j'ai le caractère mal fait, et que je ne suis content de rien ; eh bien, devant les articles ci-dessus, je ne me pâme ni d'admiration, ni d'aise, quelque séduisants qu'ils paraissent à première vue : d'abord, il y en a trop, ensuite parmi les matières dont cet enseignement facultatif est composé, l'instituteur peut choisir celles qui lui conviennent le mieux, il n'y a plus d'unité dans l'instruction des enfants.

Si vous voulez agrandir le cercle de l'instruction, élargissez le programme qui est actuellement d'obligation : c'est pour vous le demander que j'ai écrit cette brochure, et que l'enseignement que vous prescrirez soit imposé par vous à tous les instituteurs.

Et suivez l'avis de M. Paul Bert, qui demande le rétablissement de l'instruction primaire supérieure.

L'obligation pour l'instituteur de donner à ses élèves, et tous les jours, des leçons de catéchisme et d'instruction religieuse, lui prend trop de temps. Vous mettez bien des aumôniers dans les collèges ; il y a pour l'école de village un aumônier tout trouvé, c'est le curé de la paroisse. Les loisirs ne lui manquent pas ; remettez-lui donc le soin de l'instruction religieuse et du catéchisme, remettez-lui donc aussi l'exécution de l'article ci-dessous du règlement de 1852 :

Article 27, 2° paragraphe. « La lecture du latin est spé-

» cialement recommandée ; on se servira, pour cette lec-
» ture, du psautier ou d'autres livres en usage pour les
» offices publics du diocèse. »

Vous avez bien lu : « *spécialement recommandée* » ; mais c'est la spécialité du curé, non seulement de savoir lire le latin, mais encore de le chanter et de le comprendre.

Vous aurez ainsi dégagé l'instruction primaire, je ne dis pas d'une chose mauvaise et inutile, mais enfin d'une chose qui la gêne dans son développement et qui aurait dû disparaître de l'école depuis que le maître d'école n'est plus l'homme du clergé, mais celui de l'État.

Je ne sais pas si les conseils départementaux reçoivent des instituteurs beaucoup de demandes relatives à l'enseignement facultatif qui fait l'objet de ce paragraphe, mais il est certain que les instituteurs, qui ne sont obligés qu'à faire six heures de classe par jour, en font généralement huit, et, pendant l'hiver, ils y ajoutent le soir un cours d'adultes. Le dévouement ne leur manque donc pas, c'est le temps. Il n'est pas rare pourtant de rencontrer dans leurs écoles des élèves dont l'instruction dépasse les connaissances du programme obligatoire, ce qui prouve que lorsque les instituteurs seront affranchis d'un enseignement qui est plutôt l'affaire du curé que la leur, les enfants des campagnes pourront recevoir la large instruction primaire que la république doit leur donner.

IV

Le certificat d'études primaires

Institué dans le département de la Meuse par un arrêté préfectoral du 5 octobre 1872, il me semble qu'il rentre dans l'espèce de ces progrès plus apparents que réels que l'on a fait faire à l'instruction primaire. On a enguirlandé les sommets au lieu de travailler à la base.

Dans le courant de l'été de chaque année, les enfants des deux sexes qui aspirent au certificat d'études, sont conduits par leurs maîtres ou par leurs maîtresses devant une commission d'examen qui siège au chef-lieu de canton.

Cette commission, composée de l'inspecteur primaire de l'arrondissement, de deux instituteurs étrangers au canton et des délégués cantonaux, est en général d'une très grande indulgence, et c'est le cas de dire que, s'il y a beaucoup d'appelés, il n'y a guère moins d'élus.

Mais ce n'est pas là qu'est le danger de l'institution ; tout le monde sait qu'il existe dans les villes et surtout à Paris, certains établissements d'instruction supérieure qui élèvent à part et en serre chaude, quelques élèves qui doivent composer dans les concours généraux ; s'ils obtiennent des prix, cela sert d'enseigne, mais la masse des élèves est négligée.

Eh ! bien, j'avoue que j'appréhende de voir nos écoles primaires lancées dans cette voie ; et pour ma part, je préfère un instituteur dont l'école est forte dans son ensemble, à celui qui cueille trop de lauriers aux examens pour le certificat d'études.

Et jé suis heureux de me trouver d'accord avec une circulaire ministérielle du 8 mai 1855 sur l'enseignement facultatif. « Il faut, » dit le Ministre de l'Instruction publique de cette époque, « diriger l'enseignement dans les » voies de sages progrès, où se rencontrent tous ceux qui » veulent, pour la jeunesse, une instruction appropriée à » ses besoins, et non des satisfactions d'amour-propre trop » fertiles en déceptions. »

CHAPITRE II

L'INSTITUTEUR ET L'INSTITUTRICE

I

L'instituteur.

En parlant du maître d'école de l'ancien régime, M. l'abbé Mathieu a dit : « Malheur à lui, s'il avait offensé quelque coryphée de village. » Aujourd'hui nous sommes plus riches qu'autrefois, nous n'avons pas seulement des coryphées de village, nous possédons aussi des coryphées de canton que les instituteurs n'ont jamais offensés ; mais qui, pour se faire une popularité, mettent le crédit qu'ils peuvent avoir au service des passions locales contre les malheureux instituteurs.

L'administration de l'instruction publique connaît bien cette pierre d'achoppement des instituteurs ; elle dit en effet des délégués cantonaux, dans la circulaire ministérielle du 24 décembre 1850. « Le danger de leur situation, » qu'ils ne se le dissimulent pas, c'est l'influence des pas- » sions locales, tous leurs efforts doivent tendre à s'en » affranchir, et à conserver avec leur indépendance, cette » haute réputation d'impartialité qui doit honorer leur » mission. »

Mais le deuxième empire qui a gâté tant de choses, a voulu transformer les instituteurs, comme tous les autres fonctionnaires, en agents électoraux ; c'est pour cela que, par la loi du 14 juin 1854 (1), il a enlevé aux recteurs d'académie la nomination des instituteurs pour la donner aux préfets ; et cette loi qui enlève à l'instituteur la sécurité du lendemain, qui le livre pieds et poings liés aux passions locales d'autant plus ardentes dans les villages, qu'elles s'agitent dans un cercle plus étroit ; cette loi qui met souvent les chefs de l'administration départementale dans l'embarras ; dont personne ne veut plus, ni préfets, ni républicains, ni réactionnaires ; elle existe encore à l'heure où j'écris.

Je voudrais voir l'instituteur complètement indépendant de son curé, et dans une très large limite indépendant aussi de la municipalité. — Pourquoi ne pas créer pour ceux qui se consacrent à l'instruction primaire une administration spéciale comme il en existe pour chacune des autres branches de l'administration publique. Les passions locales ne pourraient plus mordre sur eux, ils n'en travailleraient que mieux et les enfants y gagneraient.

L'instituteur a aujourd'hui dès son début comme titulaire un traitement de 900 francs ; après cinq années de service, son traitement est de 1,000 francs : après dix, il est de 1,100 ; et enfin après quinze ans il est de 1,200 francs. — Il a dès lors atteint le maximum.

Mais si l'instituteur est placé sur la liste de mérite, il reçoit, quelle que soit sa classe, cent francs de plus par an ;

____

(1) D'après l'article 31 de la loi du 15 mars 1850, les instituteurs communaux devaient être nommés par le conseil municipal. Cette nomination fut retirée aux conseils municipaux et attribuée aux recteurs d'académie par l'article 4 du décret du 9 mars 1852 ; elle a été ensuite conférée aux préfets par l'article 8 de la loi du 14 juin 1854.

et s'il obtient la médaille d'argent, il touche pour cette médaille, et par année cent francs également.

Il est logé, il a un jardin, cela représente une addition annuelle de 100 à 150 francs au traitement dont il est question ci-dessus ; il se marie presque toujours avec une fille qui lui apporte quelque chose ; il peut donc à peu près vivre.

Il a en outre quelques autres revenus ; par exemple, bien qu'aucune loi ni aucun règlement ne l'obligent plus à être chantre et sacristain ; il y est encore dans un grand nombre de paroisses ; s'il se refusait à ces services, le curé le regarderait d'un mauvais œil, et puis le chant à l'église, la sonnerie et le casuel, lui rapportent bon an mal an 200 à 250 francs ce qui n'est pas à dédaigner. — Il est, de plus, secrétaire de la mairie et cela lui vaut en moyenne 200 francs par année.

En récapitulant toutes ces sommes, on trouve qu'un instituteur peut se faire aujourd'hui 2,000 francs, mais c'est tout-à-fait le maximum.

Il y a des personnes qui voudraient que l'instituteur se renfermât entièrement dans l'école, et qu'il ne fût attaché ni à l'église ni à la mairie, c'est assez difficile. Pour le secrétariat de la mairie particulièrement, je trouve qu'il donne à l'instituteur un certain relief dans la commune en le mettant journellement en rapport avec la plus grande partie des habitants, sans lui prendre beaucoup de temps ; puis çà le rattache au maire et au conseil municipal à qui son concours est presque indispensable ; il y a là pour lui un élément de force.

On doit aussi observer que sur les trente-six mille et

quelques maires qu'il y a en France, les deux tiers, sinon les trois quarts seraient fort embarrassés si l'instituteur n'était pas là pour leur venir en aide ; il faut prendre garde, en voulant trop bien faire, de désorganiser l'administration municipale dans les campagnes.

II

L'institutrice.

Quand elle est congréganiste, son ordre lui sert de famille et la protège ; puis, dans les communes où la population est un peu nombreuse, elle n'est pas isolée ; elle a en général avec elle deux sœurs ; l'une qui dirige la salle d'asile et l'autre qui fait de la pharmacie et soigne les malades. Sa situation n'est pas, après tout, intolérable ; et je la préfère de beaucoup à celle de l'institutrice laïque. Celle-ci ne porte pas ce costume religieux qui en impose encore à beaucoup de commères de village. Elle ne se marie point, vit seule ; et doit mettre dans ses allures la plus grande réserve pour éviter les mauvais propos. A mes yeux, l'institutrice laïque a plus de mérite que l'institutrice congréganiste ; et elle m'inspire plus de respect.

Une institutrice titulaire débute avec un traitement de 700 francs, après cinq années, elle touche 800 francs ; et après dix, 000 francs.

Elle peut, comme l'instituteur, être placée sur la liste de mérite et être médaillée ; ce qui augmente son traitement de cent francs pour chaque objet.

Elle a un logement avec jardin, mais elle n'a de service

ni à la mairie ni à l'église ; donc en estimant son loyer à cent francs ; le maximum de son revenu ne peut pas dépasser douze cents francs.

Quand une institutrice a doublé le cap de la cinquantaine et qu'elle est mise à la retraite ; la congréganiste retourne dans sa maison mère, et passe sa vieillesse au milieu de ses sœurs ; l'institutrice laïque, si elle n'a plus de famille, s'en va tristement on ne sait où vivre plus seule que jamais.

Nous avons à Saint-Joire une institutrice laïque ; elle y exerce depuis vingt ans et compte vingt-sept années de service. C'est à elle qu'appartient l'idée que je vais développer.

Mademoiselle Legris (c'est son nom) est sans proches parents ; elle touche à sa retraite, et son avenir l'inquiète. On va, dit-elle, créer des écoles normales primaires pour les filles ; pourquoi n'annexerait-on pas à ces écoles un bâtiment où pourraient se retirer les institutrices retraitées ; elles y apporteraient leur mobilier, et avec leur traitement de retraite, elles y paieraient pension. Elles trouveraient là une famille nouvelle, se retremperaient dans les sentiments amicaux et affectueux de la camaraderie, et la plupart d'entre elles pourraient, en mourant, laisser à la maison où elles auraient agréablement passé leurs derniers jours, le fruit de leurs économies. Les charges de l'État et du département, seraient en définitive très faibles ; et tout fait présumer qu'un long temps ne s'écoulerait pas avant qu'ils n'y réalisassent un bénéfice.

J'ai trouvé cette idée simple, juste et pratique, je la donne ; et je ne désire rien tant que de la voir mettre à exécution.

CONCLUSION

En résumé, je crois avoir prouvé que depuis l'ancien régime jusqu'à nos jours, l'instruction primaire n'a fait que trop peu de progrès; qu'on me permette l'expression, elle a marché en zigzag; et je ne m'en étonne pas. Bien des gouvernements se sont succédé en France depuis 1789. Un gouvernement libéral avance, un gouvernement réactionnaire recule; c'est là que se trouve l'explication de ce résultat.

A la séance de la Convention du 9 pluviôse an II (28 janvier 1794), l'abbé Grégoire, ancien curé d'Emberménil (Meurthe), s'écriait:

« Reconstituons la nature humaine en lui donnant une » nouvelle trempe ! Il faut que l'éducation publique s'empare » de la génération qui naît. »

Tous les pouvoirs ont cherché à appliquer ce principe. Un nouveau projet est à la veille d'être discuté dans les chambres; il est évident qu'il sortira de là une loi libérale.

L'instruction primaire sera enfin, il faut l'espérer, obligatoire, gratuite et laïque.

Mais pour les institutrices congréganistes, il sera peut-être difficile et inopportun de les remplacer dans les communes où, depuis un temps immémorial (1), elles ont avec

______

(1) Voir le cahier du Tiers État de Paris, Titre II, chapitre 1er, paragraphe 1er.

elles, une sœur qui se consacre au soin des malades ; dans les autres, il n'en sera pas de même.

Je n'ai pas à proposer de plan, si je connais celui de M. Paul Bert, qui a une grande valeur, je n'ai aucune connaissance de celui du gouvernement ; je n'exprime donc qu'un désir, c'est qu'il ait pour base les vœux des cahiers de 1789.

Qu'une éducation nationale soit enfin créée, et que les enfants soient mis à même d'apprendre les premiers principes de la constitution, leurs droits et leurs devoirs de citoyens.

Il serait, je crois, utile de faire pour l'instruction primaire, non pas un programme unique ; il en faudrait deux pour les garçons, c'est-à-dire un pour les écoles de village où les enfants sont destinés en général à devenir cultivateurs ; un autre pour les écoles des villes qui doivent surtout fournir des ouvriers aux arts et à l'industrie.

Je voudrais en voir un troisième pour les filles, dans lequel il serait fait une certaine part à l'économie domestique et à l'hygiène, et cette part devrait être la plus grande possible.

Si l'on parvenait à décharger l'instituteur et l'institutrice de l'instruction religieuse, si l'on répandait, autant que faire se pourrait les salles d'asile, l'un et l'autre se trouveraient très allégés ; et les programmes d'instruction primaire pourraient évidemment recevoir des développements sérieux.

LABOREMUS

TABLE DES MATIÈRES

Imprimerie nancéienne, 1, rue de la Pépinière. — Dir J. Gébhart.